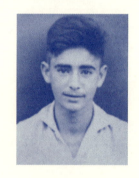

completa

cacaso

Poesia

COMPANHIA DAS LETRAS

Copyright © Herdeiros de Cacaso/ Rep. por Copyrights Consultoria Ltda.

Grafia atualizada segundo o Acordo Ortográfico da Língua Portuguesa de 1990, que entrou em vigor no Brasil em 2009.

CAPA E PROJETO GRÁFICO
Elisa von Randow

ILUSTRAÇÕES
Cacaso, reprodução de Marcos Vilas Boas
Rosa Emília Dias (p. 456)

FOTOS DE MIOLO
Acervo dos herdeiros de Cacaso, reprodução de Marcos Vilas Boas

PREPARAÇÃO
Ciça Caropreso

BIBLIOGRAFIA
Carlos Frederico Barrére Martin

REVISÃO
Huendel Viana
Ana Maria Barbosa
Thaís Totino Richter

Dados Internacionais de Catalogação na Publicação (CIP)
(Câmara Brasileira do Livro, SP, Brasil)

Brito, Antônio Carlos de, 1944-1987.
  Poesia completa / Cacaso. — 1ª ed. — São Paulo : Companhia das Letras, 2020.

  Bibliografia.
  ISBN 978-85-359-3171-6

  1. Poesia brasileira I. Poetas brasileiros I. Título.

18-19878   CDD-869.1

Índice para catálogo sistemático:
1. Poesia : Literatura brasileira 869.1

Maria Alice Ferreira – Bibliotecária – CRB-8/7964

[2020]
Todos os direitos desta edição reservados à
EDITORA SCHWARCZ S.A.
Rua Bandeira Paulista, 702, cj. 32
04532-002 — São Paulo — SP
Telefone: (11) 3707-3500
www.companhiadasletras.com.br
www.blogdacompanhia.com.br
facebook.com/companhiadasletras
instagram.com/companhiadasletras
twitter.com/cialetras

sumário

9	Nota a esta edição
11	**POESIA COMPLETA** [1967-85]
13	A PALAVRA CERZIDA [1967]
85	GRUPO ESCOLAR [1974]
117	BEIJO NA BOCA [1975]
143	SEGUNDA CLASSE [1975]
175	NA CORDA BAMBA [1978]
205	MAR DE MINEIRO [1982]
239	POEMAS ESPARSOS + *BEIJO NA BOCA E OUTROS POEMAS* [1985]
261	POEMAS ANTERIORES A *PALAVRA CERZIDA*
269	**POEMAS INÉDITOS** [1977-87]
319	**ALGUMAS LETRAS** [1965-87]
407	**FORTUNA CRÍTICA**
408	Pensando em Cacaso — Roberto Schwarz
412	Falando sério sobre *Na corda bamba* & outros livrinhos — Heloisa Buarque de Hollanda
418	Sentimento, perfídia — Francisco Alvim
428	Dedicatória — Vilma Arêas
431	Sobre o autor — Mariano Marovatto
437	Bibliografia
443	Créditos das canções
447	Índice de títulos e primeiros versos

nota a esta edição

Poesia completa abarca toda a produção poética de Antônio Carlos de Brito, o Cacaso: *A palavra cerzida* (1967), *Grupo escolar* (1974), *Beijo na boca* (1975), *Segunda classe* (1975, em parceria com Luis Olavo Fontes), *Na corda bamba* (1978) e *Mar de mineiro* (1982), além de inéditos publicados na coletânea *Beijo na boca e outros poemas* (1985), poemas anteriores ao seu primeiro livro, poemas esparsos e inéditos. Estes títulos foram previamente reunidos no volume *Lero-lero* [1967-85], lançado pela Coleção Ás de Colete (Cosac Naify e 7Letras), em 2002.

Ao final da presente edição há uma farta seção de poemas inéditos, com organização de Heloisa Jahn. São versos tirados de 23 cadernos, verdadeira oficina do poeta, que incluíam também letras de música, anotações, desenhos, números de telefone e fotografias. Esses diários abrangem uma década, de 1977 a 1987, ano da morte prematura do poeta, aos 43 anos. Por fim, o livro traz uma amostra de sessenta letras de música de Cacaso, compostas em parceria, selecionadas pela cantora e compositora Rosa Emília Dias.

Na fortuna crítica, professores, poetas, amigos e pesquisadores — Roberto Schwarz, Heloisa Buarque de Hollanda, Francisco Alvim, Vilma Arêas e Mariano Marovatto — jogam luz sobre o escritor que, com inteligência, amplo repertório cultural e humor afiado, deixou sua marca incontornável na geração dos anos 1970.

poesia completa [1967-85]

a palavra cerzida

[1967]

Este livro para
Carlos Ferreira de Brito
e Wanda Aparecida Lóes de Brito

e também
Antônio Carlos Jobim e Pixinguinha

e ainda
Leilah Landim Assumpção

que são pessoas que amo por diferentes razões.

"Mamãe vestida de rendas
tocava piano no caos."
MURILO MENDES

"Na noite sem lua perdi o chapéu."
CARLOS DRUMMOND DE ANDRADE

o lado de dentro

o pássaro incubado

O pássaro preso na gaiola
é um geógrafo quase alheio:
Prefere, do mundo que o cerca,
não as arestas: o meio.

É isso que o diferencia
dos outros pássaros: ser duro.
Habita cada momento
que existe dentro do cubo.

Ao pássaro preso se nega
a condição acabado.
Não é um pássaro que voa:
É um pássaro incubado.

Falta a ele: não espaços
nem horizontes nem casas:
Sobra-lhe uma roupa enjeitada
que lhe decepa as asas.

O pássaro preso é um pássaro
recortado em seu domínio:
Não é dono de onde mora,
nem mora onde é inquilino.

RIO, 1963.

explicação do amor

O amor em seu próprio corpo
recebe os cacos que lança:
Diálogo de briga ou rinha
em tom de magia branca.

O amor, o dos amantes,
é sangue da cor de crista:
Coagula insensivelmente
nas polifaces de um prisma.

O amor nunca barganha,
que trocar não é seu fraco:
Recebe sempre entornado
como a concha de um prato.

Amor não mata: previne
o que vem depois do susto:
Modela o aço e o braço
que vão suportar o muro.

O amor desconhece amor
sem ter crueza por gosto:
Contempla-se diante do espelho
sem nunca ver o outro rosto.

RIO, 1963.

gameleira

Muito longe do arabesco,
do arlequim e da moda,
à sombra da gameleira
que a previsão já recorta,

naquelas terras perdidas
recuperadas na troca,
vagamos por um caminho:
Mistura de ida e volta.

Naquelas terras estanques
onde a razão era morta:
Araçá, caju do brejo,
mistura de vida e volta.

Mistura de teu soluço
com a nossa ânsia torta:
No ventre da gameleira
a vida era tida morta.

A vida era tida longe
como um sol que não acorda:
No ventre da gameleira
volta e vida, ida e volta.

RIO, 1963.

o galo e o dia

Na manhã da Sta. Marina
não é o galo que canta:
Acorda o dia tão cedo,
com tanta flor na garganta,

que ele dia se incumbe
daquilo que o galo esquece:
O dia canta no terreiro
enquanto o galo amanhece.

Na Sta. Marina o dia
também cisca seu sustento:
Agora o sol nasce no galo
de fora, nunca por dentro.

Nasce o sol bem desenhado
onde se havia por crista.
O dia capaz de esporas,
aurora que não se arrisca.

Na Sta. Marina é dia
quando o dia ainda cisca
ou quando a crista do galo
passa o mundo em revista.

SANTA MARINA, 1963.

a ostra

A ostra medita
em ares sem fala:
Mistério de vida
trancado na jaula.

Não há neste cofre
um canto que embala:
É mudo o fio
que tece na alma.

A ostra consome
a própria saída
na casta armadura:

Oferta e magia.
E morre sabendo
que a vida existia.

RIO, 1964.

o samurai

O samurai:
Este alicerce que fosse
o tijolo e a estirpe
do muro intransponível.

O samurai não ataca,
antes revida o golpe:
Orgulho pontiagudo
em sua tenda de morte.

O samurai:
Este grito calculado.

RIO, 1964.

o triste mirante

em tempo de notícia
[para Ovídio Carlos de Brito]

Deitado ao frio espero
a transição que já vem:
Galo rompendo luas
galopando entre marcas
que não ousam assentar.
Onde a noite me recolhe
em silente nostalgia
mando notícia dos meus:
A família se dissolve
e transborda mansamente,
dispersante além do frasco:
Insônia ramo partido
medo, tortura, asco.
A cada passo uma pena
a cada traço uma cena
desafia os meus olhos
num duo de contrição.
E vou de mim despedindo,
aceno ao largo, na volta,
em mim mesmo que prescrevo
sinuosa afeição.
Sou mapa e não me desvendo,
sou ilha e não me abraço.
Sou chama na saliência
deste incontido amor.
Peixe parindo rios,
cristal de minha ambição
que se recua a si mesmo
entre vísceras latentes
retidas no alçapão.

Terra de peixe: magia.
Sangue de peixe: noção.
Não era sangue nem terra
adubo de fina hera
e alga também não era
convergindo na feição.
Não era sangue e tingia
não era amor e doía
pungia no coração.
Que sombra já me pressente
e me nomeia até mesmo
onde não mando cartão?
Indago apontamentos
e me censuro e cerco
o que de mim esvoaça
sem formas de contenção.
Estou partindo: pra onde?
Viajo pelo deserto
e sinto que vou morrer.
E sinto voar a pena
ao longo de meus cabelos.
Agora estou livre e deito
numa planície minada.
Entre rios cresce a chama
buscando uniformidade,
uma orquídea entre ramas.
Em meus olhos cravejados
constrói o peixe o retiro:
Fluir além das escamas.

RIO, 1964.

transporte

"Éramos meu pai e eu e um negro, negro cavalo"
VINICIUS DE MORAES

Meu pai,
viajamos juntos nesta província
                fronteira
entre o mar e o coração.
Jangadas, pessoas, gritos, habitam a praça
                     inerte
           entre a minha e tua mão.
Viajamos distraídos, ombro a ombro
             confundidos
               numa estrada de poeira:
               infindável direção.
Mas não me viste, meu pai: sopro de ave,
                  galera,
                  serrania de algodão,
não viste se desfazendo, em homem
                        degenerando
                    persistência e distração.
Não viste a rama florida, a barba,
                    material de conduta,
                o orgulho em profusão,
e juntos nos separamos, no sangue
              e na identidade
              desta curva indistinta:

              Travessia e geração.

RIO, 1964.

anulação

Fiquei mais velho. 20 anos
e nenhuma preparação para a vida.
A calma sedimentou-se mas
a ironia vagueia no campo e ruge.

Pelos olhos recebo o tempo, interpreto
e nego. É muito forte o tempo.
Me invento na laje, no corte e na
palavra. Inútil: estou sempre começando.

O amor resvala e acena e já
descrente desta ou de outra miragem,
recolho nada entre o céu e a idade.

Tudo esfriou e nem era o frio, e nem
o germe pondo a noite no casulo:
Corpo desfeito e tempo nulo.

RIO, 1964.

madrigal para cecília meireles

Quando na brisa dormias,
não teu leito, teu lugar,
eu indaguei-te Cecília:
Que sabe o vento do mar?
Os anjos que enternecias
romperam liras ao mar.
Que sabem os anjos, Cecília,
de tua rota lunar?
Muitas tranças arredias,
um só extremo a chegar:
Teu nome sugere ilha,
teu canto: um longo mar.
Por onde as nuvens fundias
a face deixou de estar.
Vida tão curta, Cecília,
pra que então tanto mar?
Que música mais tranquila,
quem se dispôs a cantar?
São tuas falas, Cecília,
a barco tragando o mar.
Que céu escuro havia
há tanto por te espreitar?
Que alma se perderia
na noite de teu olhar?
Sabemos pouco, Cecília,
temos pouco a contar:
Tua doce ladainha,
a fria estrela polar
a tarde em funesta trilha,
a trilha por terminar
precipita a profecia:

Tão curta a vida, Cecília,
tão longa a rota do mar.
Em te saber andorinha
cravei tua imagem no ar.
Estamos quites, Cecília:
Joguei a estátua no mar.
A face é mais sombria
quanto mais se ensimesmar:
Tão curta a vida, Cecília,
tão negra a rota do mar.
Que anjos e pedrarias
para erguer um altar?
Escuta o coral, Cecília:
O céu mandou te chamar.
Os anjos com tantas liras
precisam do teu cantar.
Com tua doce ladainha
(vida curta, longo mar)
proclames a maravilha.

RIO, 1964.

chuva

"Chove e eu penso: haverá coisa mais viúva
que a saudade possuir olhos de chuva
e eu ter o coração de girassol?"
CASSIANO RICARDO

Mais chove. E se chover soubesse
da enorme paz que me empresta,
não mais o sol, ainda que me desse
a luz essencial de sua festa.

Não mais cintila a luz que me aquece,
eu que me exponho em cada fresta.
Parte de dentro a razão: calor e prece
esta chuva é tudo que me resta.

Cismo na sala o queixo rente
e raras frutas dão notícia deste vento.
Mais chove. E a solidão furtivamente

em gotas flui também no pensamento.
Quem sabe não serei parte da chuva,
líquida noiva transformada em viúva?

RIO, 1964.

cobrança

Os barcos veleiros
são postos nas águas.
Porém ninguém sabe
aonde eles vão.

Os barcos cinzentos
anseiam por ilhas.
Um sopro comanda
a rota soturna.

Os seus habitantes
nutridos de frio
desfraldam bandeiras,

vão cegos ao mar.
Na úmida cripta
fermenta um resgate.

RIO, 1964.

clausura
[para Joaquim Vicente Prata Cunha]

Nasci. Haveria de estar
preparado para a vida, mas
continuo na sala de espera.
Quem abrirá esta porta?
Que continente ou que
cidade se descortina
além da laje de meus olhos?
Sugestões me fascinam
mas a visão ceifada
não alcança outra margem.
A mão trêmula se
confunde, e torna baixa
a um beijo, um chamado
de estreita possibilidade.
Estamos prestes a marchar
mas o inimigo é escasso
e destrói nossos anseios.
De novo uma tentativa, outra
e outras tantas,
que o presente absorve o ódio,
o orgulho, o afago:
O tempo é de conformação.
No escuro formulamos
a sentença e o sorriso
que haverão de romper
o medo. Projetamos
nossas forças e arrepios
além das graves paredes.
Gastamos fardos de sonhos,
trigo e confissões:

Engravidamos a mente,
no escuro nos preparamos.
Mas ao primeiro lampejo
das matizes da manhã,
de novo nos corrompemos
e voa nossa esplanada
e nossa razão premente
em forma de anel extinto.
Perguntamos:

                        Até quando?

RIO, 1964.

obrigação

Os homens colhendo flores
vão resgatar os seus mortos.
Uma culpa não se lava
com simples água de chuva.

Os que se foram conhecem
este ofício do homem.
O sentimento permanece,
só os rostos se renovam.

Viver já se torna um peso
para o homem carregar.
Dizei, Jesus: há sempre paz
no reino de meus irmãos?

Os homens são deglutidos
pela carreta humana.
Estão alheios entre flores,
saudosos da inexistência.

PETRÓPOLIS, 1964.

na morte de augusto frederico schmidt

I
Vai o navio pela noite
e o coração é uma ruína.
O enorme pássaro ferido
distribui seus sacrifícios.

Passamos a mão no rosto
e apenas constatamos solidão.
Neste país não encontramos
pousada: o amor é uma relíquia.

Que destino é o nosso, marinheiro?
Que luzes são estas nos portos
para além da alma, do mistério?

De onde vem este chamado?
Súbito o enorme pássaro se projeta
em agonia: onde a morte ou profecia?

II

O outono é o mesmo manequim.
No corpo reduzido a folhas
ainda há fome e desordem.
O universo em forma de semente

é levado no bico de pássaros migradores.
Homens obscuros desmontam
a máquina do pensamento
e a poesia é um trato a ponderar.

Onde estão as amadas? Briolanja,
Luciana, Josefina, todas retornam
ao intratável canteiro de nuvens.

Os elementos se fecham em diálogo.
Cessam cânticos, notícias, e o granito
inicia seu longo desdobrar-se pelo tempo.

RIO, 1965.

engenharia
[ao meu irmão Carlos José]

A casa era tanta
em modo e projeto
que a viga mais hirta
pendia do teto.

Na área constavam
derivas do metro
que a muito saía
truncando objeto.

Do cume da escada
moviam floretes
na hora mais turva

na hora mais fria:
E a vida pairava
em rude esquadria.

RIO, 1964.

marinha nº 1

o peixe em meu princípio
em teu final
na vertigem:
o peixe em nossa origem

o peixe no logradouro:
no rodapé
na quermesse:
o peixe em nossa prece

o peixe na diagonal
na ventania
no dedo:
o peixe em nosso medo

o peixe na encruzilhada
na cidadela
no mito:
o peixe em nosso grito

o peixe no girassol
na barcarola
na gruta:
o peixe em nossa luta

o peixe no estrangeiro
no capricórnio
na lida:
o peixe em nossa vida

RIO, 1963.

presságio

O esquife rondava
os campos do sono,
e o tempo abolia
as vestes de adorno.

O vento compunha
um rito sem dono
no chão coroado
de incenso e retorno.

Quem via saltarem
os corpos servidos
de valas sagradas

em rumo dos portos?
Os círios respondem:
É tempo dos mortos.

RIO, 1964.

processo

Cavalo em seu freio
de erva e sonho
consinto a espera.

Corrente madura
que tece a distância
me deixa seu faro.

Do ventre do mundo
esterco agressivo
me ponho de jeito.

No parto insólito
concentro e dissipo
as formas varridas.

Agora floresço
a par e a tempo
de nova investida.

RIO, 1964.

ária para cravo e flauta
[para Léo Affonso Soáres]

Momento suspenso e vário
feito de renda e contraste:
Escamas pulam do aquário
abrindo-se em véu e haste.

A frase que é doce e larga
provém de madeira incauta:
São séculos de vida amarga
em cinco linhas de pauta.

Momento de claro-escuro
que às vezes pinta o universo
em tela de renda ou muro.

Meu suicídio é diverso
e morro no ar qual se fosse
som de cravo e flauta doce.

RIO, 1962.

madrigal para um amor

"A maior pena que eu tenho,
punhal de prata,
não é de me ver morrendo,
mas de saber quem me mata."
CECÍLIA MEIRELES

Luz da Noite Lis da Noite
meu destino é te adorar.

Serei cavalo-marinho
quando a lua semifátua
emergir de meu canteiro
e tu tiveres saído
em meus trajes de luar.

Serei concha privativa,
turmalina, carruagem,
Mas só se tu, Luz da Noite,
teu delírio nesta margem
já quiseres desaguar.

(Não te faças tão ingrata
meu bem! Quedo ferido
e meus olhos são cantatas
que suplicam não me mates
em adunco anzol de prata!)

E quanto nós nos amamos
em nossa vítrea viagem
de geada e de serragem
pelo meio continente!

Luz da Noite Lis da Noite
meu destino é te seguir.

Meu inábil clavicórdio
soluça pela raiz,
e já pareces tão farta
que nem sequer onde filtra
meu lado bom te conduz:
Minha amiga vou fremindo
embebido em tua luz.

RIO, 1964.

marinha irreversível

      Agora te persigno, peixe morto.
      Não como esfinge oblíqua
      mas como prolongamento de meu corpo.

As palavras não valem,
o tempo não conta.
Debruço-me sobre o continente, o mais árido,
e cavo a medida exata de minha angústia.
Sobre as retinas cai a longa noite.
O sono é numeroso e horizontal.
Como o sono permanece, tento romper-te
em litúrgicas escamas, como se buscasse
a só reintegração na superfície

      A cidade pulverizada te reflete,
      a ti que fazes vigília em meus olhos.
      Não há saída, as portas se recusam.
      Mas a vida lateja e propõe
      outro costume.
      Sem mais escolha e sem
      deixar resíduo de meu ser,
                  peixe,
      mergulho para todo o sempre
      em teu condado submerso.

RIO, 1964.

a palavra de dois gumes

poética

    Alguma palavra,
este cavalo que me vestia como um cetro,
algum vômito tardio modela o verso.

Certa forma se conhece nas infinitas,
a fauna guerreira, a lua fria
encrustada na fria atenção.

Onde era nuvem
sabemos a geometria da alma, a vontade
consumida em pó e devaneio.
E recuamos sempre, petrificados,
com a metafísica
nos dentes: o feto
          fixado
entre a náusea e o lençol.

Meu poema me contempla horrorizado.

RIO, 1965.

natureza-morta
[para Renato Landim Vasconcellos]

Magra, a sala
respira a última transparência
do móvel, e este azul da
        laranja.
Jantar: o ato se faz pela
              artéria,
ironicamente viramos cerne.

E murchos, miramos deste cubo
onde jazemos, ausência de gomos e
formas matizadas,
a absurda decisão do   enforcado.

RIO, 1965.

o arlequim

O arlequim:
Estranha cratera em sua boca.
Areia sorvida como sonho
que lapidasse a estátua,
      o arlequim,
as fibras de gelo em sua face
pendida, o movimento amputado
e arestas: sua angústia sonora
como um rio que abafa
a íntima correnteza.
      O arlequim:
Não a morte servida em pedra,
sua calada espessura
em tais retinas moldada:
Mas este nervo exposto, esta ausência
      ritmada.

ARAÇATUBA, 1966.

o jardineiro

O jardineiro é a palavra escrita
nos ossos do girassol,
      no alimento

desses lagartos de asas
entre o voo e a floração.
      O jardineiro

é a corda como estendida
sem mácula, arcanjo de feltro
      travestido

no músculo dos olhos, flor
ressequida e novamente o grão
      por recolhido.

O jardineiro são as agulhas
permanecendo na terra, a noite
      e sua caliça.

RIO, 1965.

o mito

As palavras me evitam.
Reduzido em gesto, destilo
                        carne.

Tão próximo do mundo
te compreendo, alma,
e conhecer me atesta a musical
                            traição:

Fundir semblante e voo
livre de nome e existência.

Meu braço é meu poema.
Duração fugaz ou o impenetrável
        escarlate,
postumamente sobrevivo.

RIO, 1965.

fazendas

I
Antigo e futuro
      descortino o pavimento, a medo.
      Bodoquena, Ivaé, e
este país que se consome, intocável.
Agora me revejo enigma:

      Um boi devora minhas mãos.

II
Meu tronco é vegetal.
Origem e limite se confundem
nesta palavra de ordem:
    Arca de fogo onde era terra,
me interrogo na miragem.

      As fazendas recomeçam.

RIO, 1965.

integração da noite

Meu neto prolonga meu filho:
                O mundo não tem conserto.
Um latido ao longe me diz que é noite:
O arrepio da memória.
Há milênios alimentamos esta fogueira.
À sombra de meu queixo
a torre transfigurada e o
                cão:

A língua nervosa lambendo o infinito.

RIO, 1965.

queixa submarina

Depois que os homens de argila
sepultarem a criação
e os santos virarem tormentas
nos arcos do purgatório,
chamarei a meu Deus: És meu irmão!

E ancas tão só talhadas
para a marcha suportarão cavalos
que pastam insensíveis:
                Minha memória carnívora.

Um salmo, o dente fere a espinha
e escorre do arco-íris, do
pássaro voluntário: Luz da Noite
desde já purifiquei-me,
                derradeira namorada.

Sou apenas a escama
que envolve o pensamento.

RIO, 1965.

cântico do condenado

Outrora e ao darmos
pelo urdido objeto, nosso objeto de colisão
e noturna queixa, tempo de embalsamar,
                    e no entanto nos perdemos.

Gaze nos olhos: vontade de vísceras, ou
                    o simples
prolongar de rota, humana e sobre, na gruta
onde a palavra se desdobra, lavra e pala, era
                    o exato arremesso.

Ainda nos achamos, e o testemunho
é um sangrar de pupila, confidência no ar,
não formulada.

Do cadafalso a lenda permite a redenção:

                    A morte adulta.

RIO, 1965.

fábula

Minha pátria é minha infância.
Por isso vivo no exílio.

Talvez o barco contasse
deste percurso no tempo.
De como seria o escafandro
isento de tal mergulho.

Minha pátria é sob a pele:
Cargueiro no mar de névoa.
Antigamente os conflitos
não aspiravam a ser.

De como fiquei trancado
na torre em que era dono.
E a certeza como faca
engolindo a própria lâmina.

De como se libertaram
os mitos presos na forca,
e o exato espanto vindo da terra,
dos gestos do imperador.

RIO, 1965.

noturno maduro

Nesta hora os deuses pensam.
O tempo se desenvolve
a partir da integração.
O mundo aguarda: Que será?

Vêm os planos, a aspiração,
e a descoberta tristíssima
do nada. No sangue
a noite tornou-se um vício.

Este mergulho na treva
ainda é meu consolo.
Vida, que sei de ti?
Talvez nada, talvez nem isso...

Janelas espiam seios
e Raquel ainda é virgem.
Na elaboração do eterno
nem a morte se atreve.

Num quarto longe do mundo
sou um homem,

dolorosamente

RIO, 1965.

signo

É como se este jardim
não carecesse de ritmo.
Asa ou mesmo lâmina
compõe a noite bordada

na fímbria intemporal.
Paisagem estabelecida,
um pulo e descoberta.
Mudamente as pálpebras

divisam o episódio.
Noite gerindo corpo,
um sinal e era a morte.

No estrangeiro, o sono
corporifica o celeste
onde ardemos: URSA MAIOR.

RIO, 1965.

psicologia do eterno

Meu corpo visto no breu
não envelhece: tal a fúria
da gaivota devoradora de tempo.
Meu corpo, no tempo, é negro.

Existo na véspera. O que sou
não anuncia: se repete.
Assim a música prevê
sua intenção de estátua.

Longe da morte me lanço.
No crepúsculo congelado
meu suicídio se exala.

Fico na morte irrealizado:
Casta paisagem cria o olho
que apenas se constatou.

RIO, 1965.

os elementos

A tarde é uma mulher
de queixo incandescente.
Os olhos dos cavaleiros
são gêmeos do absoluto.

O demônio vem na brisa
mas não julgo: só contemplo.
Grandes poderes eólios
acima do bem e do mal.

Quem raptou Constância?
Quem vorazmente comunga
em seu pescoço andrógino?

Meu equilíbrio rompe no cio.
A tarde que vejo é severa.
como um crânio golpeado.

RIO, 1965.

destruição

Onde jaz o crisântemo
o mistério tem raiz:
Flor, ou haste envenenada,
aqui celebro meu fim.

No território inconteste
sou alimento e fome.
A gula então extinta
é o objeto de antes.

Canteiro: onde plantado
já não crescem os cabelos
ou mar que pressentimos.

Onde o tempo é uma espada
ruminamos ferozmente
a ideia de acabar.

RIO, 1965.

gravuras da sta. marina
[para os habitantes de lá]

I
Fazenda Sta. Marina:
Do outro lado são terras.
A manhã como um alarido
atinge nosso
         sono
na mais branca profundidade.
    O corpo incha na redoma:
  Todo gesto é sacrifício.

II
Um vendaval de passo-pretos
varre a tarde.
Palmeiras vigilantes estimam
                o inimigo:
Nada acontece no planeta.

Um animal sorri, imperceptível.

III
A noite é trazida nas asas
             dos morcegos.
Feito de dor, um latido provoca
             o mistério.
E declino da vida: o peito farpado
mergulha na garganta do monstro:
Medusa, esta gula noturna.

SANTA MARINA, 1966.

banquete

Meu sangue diluído no tempo
atinge as estrelas.
A hora amarga: minha mocidade
      sem ritmo,
o ácido corroendo os dias, as palavras.

Um anjo me atravessa: sou Deus
      e me reparto
na gravidade desta mesa:

      Meus dias cegos no tempo.

SANTA MARINA, 1966.

poemas brancos

I
Com essas mesmas palavras
vejo a varanda secando
suas penugens ao sol. Vejo ainda
quanto é inútil o ser e o não ser:

Minha perplexidade desiste de tudo
e mastiga violentamente
os primeiros sons
                 da
         manhã.

II
Retomo da natureza
esta branca nostalgia.
Viajo pela matéria
              de braços com satanás:
Ó anjo anunciador, levai-me ao passado
onde desmancharei a vida futura,
onde serei sinistro como
              o coito
         dos girassóis.

III
Com essas mesmas palavras
dirijo a revolta dos deuses.

Aqui plantei um violino,
refiz donzelas, dei de beber aos planetas.
Ó realidade,
há séculos eu te procuro!
Nas regiões do dia e da noite
sou uma lâmina que respira.

O tempo amordaçado
me espera.

IV
Quero a palavra que traduza
a medicina dos anjos,
a virgindade anterior ao pensamento.
Quero a nuvem que me habita,
                    não
                           sua forma profanada.

Desta pirâmide
assistirei o absoluto desfolhar-se
como as grinaldas da tarde.

V
Minha morada é o silêncio.
Esta notícia que levo
já não diz que houve lutas
                entre o bem e o mal.

Sete trombetas proclamam
a união das sementes:
Essas bodas que iniciam
os tempos de danação.
Tanto remorso me engasga.

Adeus, mundo, eu não sou daqui.

RIO, 1966.

a infância presente

A palavra menino me desconcerta.
O dorso curvado não serve de ponte:
A ideia de ontem,
        estranha névoa saltando
          de meus olhos vazados.

O tempo entreaberto disseca
                os nervos
da memória, terrível funil!
Saudoso da história, aroma captado,
      meu sonho em pânico:
            O universo fantástico.

SÃO PAULO, 1966.

batismo no inferno

I
Um alaúde dissolve a tarde.
A queixa resvala no espelho e acende
as tranças de Daliana.

A queixa: olho espesso
                    que transporta a noite,
            a paisagem sonâmbula.
Somos peixes e devoramos o cadáver
gelado do sol:
                Nossa branca imaturidade.

II
A gaiola feminina:
O fantasma e seu navio
explicam o esqueleto do mar.
Ossos se purificam na tarde.

O horizonte, como uma fenda, abriga
                    os cotovelos do tempo.
O campo dorme a léguas,
            úmido de peixes.
Súbito
Daliana inventa uma serpente
e se despe fascinada ante as antenas do mal.

SÃO PAULO, 1966.

barcarola

SOLO:

    Cavalo-Marinho
    pastando as sepultas
    raízes do tempo.

    Cavalos e flores
    omitem o adorno:
    O novo universo.

    Percebo esta flauta
    morando na carne:
    O mundo pensado.

ACOMPANHAMENTO:

    Um eco ressona
    nas cavas da noite
    retorna do exílio

    e põe a perder.
    Nos limos da terra
    meu peito arquejante

    cansado de ser.

SÃO PAULO / RIO, 1966.

a um barbeiro, com amor

— Aquilino Rodrigues Lóes
dos Lóes de outras sesmarias:
Como foi que no sofrimento
guardaste tanta rapina?
Decerto a unha do nome
feria o peito da usina.
Seria a gaiola o homem
de caminhada aquilina?
Não era cego o tempero
da sevilhana maninha.
Rodrigues Lóes, como foi
que a intemperança ocorria?
Como foi se até no nome
a folha era sibilina?
Se o instrumento nasceu
do nome que te trazia?
Hoje sabemos do número
designado na vida:
Do número que por contido
extravasava e continha,
daquele número cego
que habita a faca faminta,
o mesmo que ao capinar
engravidava a campina,
ou que tido como findo
ficava na margem, ainda.
Aquele número que era
o gesto que se estendia
além do gesto, mais longe,
como resíduo abstrato
de cofre ou de alvenaria,

mas que tornasse presente
sua surpresa partida:
Talvez igual à moldura
completa porque vazia
dessa matéria que sobra
depois da obra: caliça.
Mas como medir o quadro,
ou adro ou esquadria,
se nossa coisa se planta
por fora dessa medida?
Se não é comum o corte
com o gume que cortaria?
Me diz, Aquilino Lóes,
dessa tortura comprida!
Me diz dessa sevilhana
instauradora de vida!

— Morrer de ponta, menino,
naquela hora precisa
em que se sabe que morre
no elo de cada dia;
morrer pela voluntária
decisão, por calmaria,
ir se indo pela margem
da sevilhana estendida:
Morrer de amor pela morte,
e não de horror pela vida.

RIO, 1965.

o sono diurno

alucinações

I
Ó Deus derradeiro
que invoco do abismo:
O ser encantado
resvala nos céus.

Amantes já ardem
pungidos de nada.
Os séculos fogem,
se rendem à febre.

Ó Deus, pastores
desta alucinada floresta:
Sou filho de carvalhos

mal nascido ao oriente.
Contudo me edifico
ainda que entre homens.

RIO, 1965.

II

Vale das serpentes, te adoro!
Eu vi nascer das encostas
a conversão dos perdidos.
Chegai, guardião da noite:

Nossa oferta se transmuda
em nossa alma ofertada.
E em nossa face refletida
no sangue de mil donzelas.

Chegai, guardião de feras.
Não queremos o segredo
de vossa negra mansarda.

Queremos a paz, o reino
do sol e da linguagem:
O reino inatingível.

RIO, 1965.

III

Meu seio decifra a humanidade.
Touros devoram violetas
nascidas de uma antiga aflição.
Eu sou a raça que espera.

Apalpo sinos e nebulosas
e tento me valer desta medida.
Meus vultos são renúncias decotadas:
Parto da negação para existir.

Anjos depositam esperanças
nos extremos da planície.
Voltamos a galope para casa.

O piano refaz o testamento
enquanto aguardamos melancólicos
o suicídio geral dos planetas.

RIO, 1965.

IV
Crescem vozes entre colunas
denunciando a presença humana.
De longe vem o aviso:
Os mortos já se proclamam.

Neste feixe vegetal
a procissão das formigas:
O trabalho elaborado,
morte escolhida, se renova.

Os homens são relidos
por esponjosos volumes.
No arquivo não há comentários:

O corpo vira memória.
Toda revolta, na bruma, é abafada.
Ai, Orfeu, vem tirar-me a vida!

RIO, 1965.

V

No princípio era Anarda,
fecundo colo de treva.
E a nostalgia da desordem
na noite de seus cabelos.

Depois vieram cordeiros
de grávida lã subterrânea,
as cegas colunas do medo
entre a sibila e a sucessão.

Aurora, uma defunta sereia
desfeita em cintilações
nas cinzas desta noite corporal.

No princípio era Anarda
e as duras emanações de corcéis
que conduziam a morte na retina.

RIO, 1965.

VI

Cravou-se em meu horizonte e era
terreno seio, pétalas em preparo
e seus avanços de unicórnio
de um ventre revelado: ai, infância!

Um degrau que propusesse
a venenosa faca, aguda lira
em meu primeiro gozo e a seta
anterior dormindo o parto.

Criança, não, a lei da forca
onde guardar o corpo, o leite
exposto ao dente sideral.

Árvore, assim te plantamos:
Mas a frase quem refaria,
umbilical desígneo da morte?

RIO, 1965.

VII

Meu tempo é de águas. Fluido
animal nesta fenda agressiva,
não aderi à tarja de seivas
e duendes. Repasto de fêmeas:

Não a boca, mas a flecha pasma
há de crescer rente às tumbas,
anunciando o ébano da manhã
vingadora que se ajoelha, e serve.

Mergulho e cântaro, em que abismo
fui paixão, sólido maxilar?
Ou se derramo e sou vertigem

quem consente a náusea, quem
friamente desfigura? Ante o poder
do eterno, afinal de quem recuas?

RIO, 1965.

VIII

Tarde. E não medimos
o lance de tua funda.
E este dorso por conhecer,
chaga que entoamos

na aldeia, no aluvião
de teus ossos e cinzas.
Grávido desta floresta
o corpo que pretendemos.

Tarda. E recolhemos
o grão que se abismaria
em pássaro e treva.

Quem conduz? Cardume
de passos e de curvos,
somos a noite: deserdados.

RIO, 1965.

IX
Esta defunta fêmea quase alada
vigiada por galos comovidos
foi a visão do arcanjo antepassado
que me servia de risos e de sangues.

Guiava a nave que sabia
deste horizonte a partir do tempo
e me espreitava: quando o movimento
erguia os cabelos na distância.

E foram guerras entranhadas
em mim que me sabia seu discípulo,
ó amada sepulta pelos ventos,

ó visão disfarçada em cabelos:
aceito seus frios e presságios
para dormir pensando na paixão das magnólias.

RIO, 1966.

alegorias

I
No sangue, o mundo é escrito
                      a fogo.
Devo aceitar as palavras?
Alba secciona a noite
                e a escolha:
Silenciosos assistimos o poder operatório
desta adaga: Ruivo,
meu medo flutua
                  na madrugada de rapina.

II
A noite, grande semente:
Nascemos impregnados de sono.
           Aqui pastamos a fadiga
                  do existir.
        Enquanto o verme desata
        suas tranças
        e sangra minha inocência
nas chagas menestréis do entressono.

III
Percorro fora do tempo.
O inverno soluça em meu dedo,
e não pressinto o chamado.
Exílio é um nome: Tumulto.
        O eco explora minhas veias
        em seus recônditos
                  abissais.
        Recebo a surpresa como um coice
        no pensamento: Tumulto.

IV
Alba, na noite desvendo seu corpo.
Mel espesso, sinto a vida aderir
          a este continente imaginário.
Para total conhecimento
      me concentro:
           Sou líquido.
E escorro em aquedutos pelo seu
ventre domado:
           o raso dilúvio.

V
Na superfície o diamante.
A vontade mergulha no mar de
              astúcia:
Não violamos a luz da negação.
           Somos em círculo, a morte,
          filha da existência.
        Na ânsia de resgatar o mundo
        posto à margem,
me transformo em verbo:
              as palavras incendiadas.

RIO, 1965.

Antonio Carlos de Brito

Grupo Escolar

grupo escolar

[1974]

Para meu filho Pedro

nota do autor à primeira edição (1974)
Quem cultiva o hábito de ler os nomes da equipe
técnica que participa na confecção de um livro,
deste p. ex., já está informado do seguinte: a capa
é de Ana Luisa Escorel e as fotos são de Maria
Elizabeth Carneiro. Mas isso não basta. Depois de
cinco anos sem escrever um só verso, desconfiado
mesmo da poesia, voltei a arriscar encorajado
pela Ana Luisa, que me chamou para trabalharmos
juntos em sua tese para a Escola Superior
de Desenho Industrial. Desta cooperação resultou
o livro *Palavra e imagem*, para o qual escrevi vários
poemas, alguns dos quais estão espalhados
nas páginas deste *Grupo escolar*. Este livro de agora
não é mais do que o desdobramento do impulso
desencadeado na composição do anterior. Por isso
o dedico também a Ana Luisa. E ainda tem
a Betinha, essa pessoa lindíssima, que deu ideias
que orientaram a estruturação interna do livro,
sendo, portanto, coautora.

Ana Luisa e Betinha, não se esqueçam
de mim que eu não me esqueço de vocês.

1ª lição: os extrumentos técnicos

cartilha

a
Não quero meu poema apenas pedra
nem seu avesso explicado
nas mesas de operação.

e
Não quero os sóis que praticam
as mil fotos do objeto, a noite sempre
nascendo da noite em revelação.
Preciso
da palavra que me vista não
       da memória do susto
mas da véspera do trapezista.

i
A sede neste deserto
não me conduz ao mirante, ou antes:
       olho selvagem.
A sede ultrapassa a sede onde
renasce o objeto, sua
       resposta miragem.

o
Há seres insuspeitados no gênio
deste cavalo.
A lucidez desta pedra oculta cada manhã
seu cadáver delicado, este mistério
que pulsa nos olhos da borboleta.

u
Quero meu poema apenas pedra:
ou seu fantasma emergindo
por onde dentros e foras.

o poema anfíbio descansa
sob meu olho educado.
Invisto
      dissimulado
as minhas facas precoces:
neste talhe surpreso
engulo o objeto
emergindo de si mesmo
interminável objeto:

a palavra higiênica

aqui cessa todo périplo.
Teu corpo, à força de significar
              é nome:
pronunciar é o mesmo que atingir.
Na noite orgânica fala e orgasmo
se confundem.
A vagina vegetal:
falos folhas hidromel

protopoema

I
Quando eu morrer soltem as cabras.
O lábio liquefeito oculta
o dia primitivo: a raça feroz
morde o futuro,
        violinos em prontidão.
A linguagem rói a trompa que
        a revela:
animal sintático ou este
        útero
        híbrido
capaz de apascentar os ossos renovados:
        o arco decifrável

II
Tateio esta caverna
e ao sentir sou prisma e ritual.
Princípio onde a palavra se condensa,
o tempo escavado em seu minério.
Nesta mandíbula
        adormeceram
cascos civilizados, o enxofre,
        a tribo bailarina.
Seca e organizada
a palavra sibilina, como um cadáver na mesa:
        o corpo vidente

2ª lição: rachados e perdidos

praça da luz

O inverno escreve em maiúscula
sua barriga circense.
Namorados sem ritmo povoam o espaço
onde gengivas conspiram e chefes de família
promovem abafadas transações.
Um marreco aproveita a audiência
e se candidata a senador. Anjinhos
cacheados esvoaçam flâmulas
e hemorroidas, corpos horrendos se tocam.
Uma gargalhada despenca do cabide:
                                marcial
um cortejo de estátuas inaugura
o espantoso baile dos seres.

romance

Com o sangue da namorada gravar
esta paixão suicida:
o horizonte
que povoa nossa espinha, os rios
da magia, o átimo e os projetos
do enforcado.
Funcionários comemoram o arrebol
enquanto o amante, descarnado e louco,
soletra harpas futuras.

as batalhas

Faraós da medicina conspiram
para salvar a vida de meu pai.
De elmo e armadura o corpo
                se rebela
contra os brancos tentáculos do bem
Relembra dias fagueiros.
Protocolar e simpática   a morte
chupa laranjas.

política literária

O poeta concreto
discute com o poeta processo
qual deles é capaz de bater o poeta abstrato.

Enquanto isso o poeta abstrato
tira meleca do nariz.

desperto mais uma vez
de meu penúltimo sonho:
o mapa-múndi viaja
entre suspiros de amor.

Uma gaivota bissexta desova a tarde.

aquarela

O corpo no cavalete
é um pássaro que agoniza
exausto do próprio grito.
As vísceras vasculhadas
principiam a contagem
regressiva.
No assoalho o sangue
se decompõe em matizes
que a brisa beija e balança:
o verde — de nossas matas
o amarelo — de nosso ouro
o azul — de nosso céu
o branco o negro o negro

a verdadeira versão

O medo maior que tenho é de faltar
                   minha imagem
em teus projetos futuros.
Por isso só te conjugo no pretérito passado.

o futuro já chegou

— Como foi?
— Com revólver, arrebentou
    a cabeça. E nem o sangue bastou
    pra desatar seus cabelos.
    O desespero cortou-se
    pela raiz.
— Impossível, como foi?
— Assim.
— Mas como?
— Dizia que estava desanimado,
    que as coisas não faziam sentido.
    Ultimamente
    já nem saía de casa.

estilos de época

Havia
os irmãos Concretos
H. e A. consanguíneos
e por afinidade D. P.,
um trio bem informado:
dado é a palavra dado
E foi assim que a poesia
deu lugar à tautologia
(e ao elogio à coisa dada)
em sutil lance de dados:
se o triângulo é concreto
já sabemos: tem 3 lados.

epopeia

O poeta mostra o pinto para a namorada
e proclama: eis o reino animal!

Pupilas fascinadas fazem jejum.

3ª lição: dever de caça

o que é o que é

Descoberto pelo português
emancipado pelo inglês
educado pelo francês
sócio menor do americano
mas o modelo é japonês...

logias e analogias

No Brasil a medicina vai bem
mas o doente ainda vai mal.
Qual o segredo profundo
desta ciência original?
É banal: certamente
não é o paciente
que acumula capital.

sinais do progresso

A mão certeira cai como guilhotina
e racha a nuca do inimigo.
A câmera focaliza o punho do matador:
*"Homens de verdade não usam relógio
de outra marca".*
Tudo legal.
Tudo legalizado.

as aparências revelam

Afirma uma Firma que o Brasil
confirma: *"Vamos substituir o
Café pelo Aço".*

Vai ser duríssimo descondicionar
o paladar.

Não há na violência
que a linguagem imita
algo da violência
propriamente dita?

reflexo condicionado

pense rápido:
Produto Interno Bruto
       ou
brutal produto interno
       ?

pré-história contemporânea periférica
ou ninguém segura essa américa latina
ou os impossíveis históricos
ou a outra margem do ipiranga

Jamais mudar pela violência
mas manter pela violência:
morte ou dependência

jogos florais

I
Minha terra tem palmeiras
onde canta o tico-tico.
Enquanto isso o sabiá
vive comendo o meu fubá.

Ficou moderno o Brasil
ficou moderno o milagre:
a água já não vira vinho,
vira direto vinagre.

II
Minha terra tem Palmares
memória cala-te já.
Peço licença poética
Belém capital Pará.

Bem, meus prezados senhores
dado o avançado da hora
errata e efeitos do vinho
o poeta sai de fininho.

(será mesmo com 2 esses
que se escreve paçarinho?)

4ª lição: a vida passada a limbo

cinema mudo

I
Um telegrama urgente
anuncia a bem-amada
para o século vindouro.
Arfando diante do espelho
principio
a pentear os cabelos.

O oceano se banha nas próprias águas.

II
Acordei grávido e uma dúvida
dilacera minhas partes: quem seria a mãe
                              de meu filho?
Demônios graduados me visitam
enquanto retoco para a posteridade
a maquiagem do arco-íris.

III
Vejo seu retrato como se eu
já tivesse morrido.
Grinaldas batem continência.

Livre na sua memória escolho a forma
que mais me convém: querubim
                    gaivotas blindadas
suave o tempo suspende a engrenagem.
Do outro lado do jardim já degusto
os inocentes grãos da demência.

IV
Neste retrato de noivado divulgamos
os nossos corpos solteiros.
Na hierarquia dos sexos, transparente,
                        escorrego
para o passado.
Na falta de quem nos olhe
vamos ficando perfeitos e belos
            tão belos e tão perfeitos
como a tarde quando pressente
as glândulas aéreas da noite.

trago comigo um retrato
que me carrega com ele bem antes
de o possuir bem depois de o ter perdido.

Toda felicidade é memória e projeto.

até agora

Conheci quem não conhecia
namorei minha conhecida
casei com minha namorada
separei de minha esposa
e a história progride assim:
fiquei viúvo pra ela
que está viúva pra mim.

logia e mitologia

Meu coração
de mil e novecentos e setenta e dois
já não palpita fagueiro
sabe que há morcegos de pesadas olheiras
que há cabras malignas que há
cardumes de hienas infiltradas
no vão da unha na alma
um porco belicoso de radar
e que sangra e ri
e que sangra e ri
a vida anoitece provisória
      centuriões sentinelas
do Oiapoque ao Chuí

imagens

I
Para evitar mal-entendidos
digamos desde já que nos amamos.

II
mineral é o momento que te fito
e sonho: *"neste natal não haverá festas*
para que possamos
conversar francamente".

III
Não reconheço em ti a minha falta de estilo
e medito:
         o que é a sabedoria?

IV
As armas são escolhidas.
Na condição de pai de vosso neto e de
                            neto
de vosso pai te convoco a este embate
Carlos Ferreira de Brito, Lilito, avô de
meu filho e filho de meu avô.
Ecumênicos
fingimos que ninguém é perdedor: maligno
o retrato observa
o observador

V
Caminhas leve e me confundes:
me vejo como seu antepassado e no
entanto
viestes antes de mim. O amor é antisséptico
não tocaremos no assunto agora que,
definitivos, velho sou eu e tu criança:
pacificada certeza
desesperada esperança

história natural

Meu filho agora
ainda não completou três anos.
O rosto dele é bonito e os seus olhos repõem
muita coisa da mãe dele e um pouco
                        de minha mãe.
Sem alfabeto o sangue relata
as formas de relatar: a carne desdobra a carne
                    mas penso:
                       que memória me pensará?
Vejo meu filho respirando e absurdamente
imagino
como será a América Latina no futuro.

diário de bordo

Os planos todos dispersos
os primeiros estranhamentos com o filho,
mecânico e pesado o coração destila
uma coleção de remorsos.
Fecho os olhos de horror e eis que
        das obscuras raízes
        do centro de minha fronte
        das rendas negras da carne
esplêndida e cintilante
desponta
a aurora boreal

reencontro

Percorres a casa e observas: o corredor é longo,
quantos quartos, e eu navego teus olhos
                              escavando
nossos corpos noturnos mapeados.
Pouco a pouco as formas endurecem e nos vemos
por fim pacificados: não sou quem pensas não és
                              quem penso,
amargos nos deixamos tão carentes
desta fome por tanto acumulada.
Chegaste agora quando a vida é escombros e nossas
                              outras imagens
se entrelaçam mas não basta, e nossos corpos
se esfriam geminados.
Por entre lençóis e amoras por entre veios
e gomos cavamos nosso vazio e ali
                              nos interpomos:
                    do que não somos saudosos
                    sobreviventes do que fomos.

grupo escolar

Sonhei com um general de ombros largos
                         que rangia
e que no sonho me apontava a poesia
enquanto um pássaro pensava suas penas
e já sem resistência resistia.
O general acordou e eu que sonhava
face a face deslizei à dura via
      vi seus olhos que tremiam, ombros largos,
      vi seu queixo modelado a esquadria
      vi que o tempo galopando evaporava
      (deu pra ver qual a sua dinastia)
mas em tempo fixei no firmamento
esta imagem que rebenta em ponta fria:
poesia, esta química perversa,
este arco que desvela e me repõe
      nestes tempos de alquimia.

beijo na boca

[1975]

Leilah este livrinho é pra você

"Sou um tupi tangendo um alaúde."
MÁRIO DE ANDRADE

e com vocês a modernidade

Meu verso é profundamente romântico.
Choram cavaquinhos luares se derramam e vai
por aí a longa sombra de rumores e ciganos.

Ai que saudade que tenho de meus negros verdes anos!

há uma gota de sangue no cartão-postal

eu sou manhoso eu sou brasileiro
finjo que vou mas não vou minha janela é
a moldura do luar do sertão
a verde mata nos olhos verdes da mulata

sou brasileiro e manhoso por isso dentro
da noite e de meu quarto fico cismando na beira
                                    [de um rio
na imensa solidão de latidos e araras
                            lívido
de medo e de amor

happy end

o meu amor e eu
nascemos um para o outro

agora só falta quem nos apresente

problemas de nomenclatura

Rememoro com resignado e fervoroso amor
a primeira namorada.
Mas o nome dela dançou.

lá em casa é assim

meu amor diz que me ama
mas jamais me dá um beijo

pra continuar rejeitado assim
prefiro viajar para a Europa

estilos trocados

Meu futuro amor passeia — literalmente — nos píncaros daquela nuvem.
Mas na hora de levar o tombo adivinha quem cai.

de almanaque

Como pode o meu amor sendo um só
ser tão dividido?

sina

o amor que não dá certo sempre está por
perto

hora do recreio

O coração em frangalhos o poeta é
levado a optar entre dois amores.

As duas não pode ser pois ambas não deixariam
uma só é impossível pois há os olhos da outra
e nenhuma é um verso que não é deste poema

Por hoje basta. Amanhã volto a pensar neste problema.

sonata

ecos daquele amor ressonam profundamente
e cada vez mais leves absurdas pancadas deu no
que deu minha memória relata

escorrego para dentro dos decotes dela

**quem de dentro de si não sai
vai morrer sem amar ninguém**

A parte perguntou para a parte qual delas
é menos parte da parte que se descarte.
Pois pasmem: a parte respondeu para a parte
que a parte que é mais — ou menos — parte
é aquela que se
                  reparte

estações

Do corpo de meu amor
exala um cheiro bem forte.

Será a primavera nascendo?

ciclo vicioso

minha namorada sempre sonha que namora
seu namorado antigo minha ex-namorada
sempre sonha que me namora e eu, desconfiado,
tenho feito tudo para não sonhar...

meditação

Com meu amor eu me envolvo felizmente.
Mas também me des
               envolvo
        infelizmente?

primeiros sinais de terra

no momento e contra o tempo eu amo o
verso que requebra
a inenfática e cabralina voz da pedra e amo
a sinceridade que jamais — que tempo! — me
ofertou aquela que de tão sincera se
                                  privou

contra o tempo e o momento rememoro e mato meu
amor

ah!

Ah se pelo menos o pensamento não sangrasse!
Ah se pelo menos o coração não tivesse memória!
Como seria menos linda e mais suave
minha história!

jogo de reflexos

Como o espaço nega ao pássaro a abertura do voo
como o pássaro nega a si mesmo os espaços
ai meu amor! assim dizes não como uma criança
nega à outra o consentimento em brincar
e agora indago e cravo aos anjos medusados:
dizei: nem somos amigos nem somos amados?

estágio do espelho

Ah os olhos que me viam!
Como eu era belo e gentil a certos olhos que me viam!
Agora, diante de mim mesmo,
não suporto esta coisa horrenda que brota
de minhas macias faces, que morre e nasce.

Nos olhos de quem terei perdido a minha face?

aos pés! da musa

o meu amor e eu passamos a
sensação um para o outro de que
ainda somos crianças adoráveis cheias
de gozo e neorromânticos segredos

e assim voam verdes anos

alquimia sensual

Tirante meus olhos e mãos
quero me transformar em seu corpo
com toda nudez experiente
do passado e do presente.

E naquela noite
              entre suspiros
terei aguardado a hora incrível
de tirar o sutiã

ex (1)

Jamais esquecerei as maneiras
de minha ex-namorada
remava rio acima com a leveza de quem
descia a favor da correnteza
seu sorriso confundia a direção dos cachorros
que viajam com as cabeças para o abismo
seu corpo jamais soube distinguir entre
a primavera e o outono

quando penso no futuro me transformo
no passado de minha ex-namorada

ex (2)

Tenho ciúme do filho que habitará o ventre
de minha ex-namorada
que chupará seus seios e quase sempre pernoitará
enquanto uma clarineta inconsolável distribui
minhas vísceras como gomos ao luar

ainda hei de ser irmão
do filho prodígio de minha ex-namorada

ex (3)

A minha ex-namorada
inundou minha vida de coisas belas demais
evitava que eu tivesse qualquer aborrecimento
impedia que eu saísse no sereno
me conduzia pela mão ao atravessar a rua
velava enternecida pelo meu futuro

a minha ex-namorada usurpou o lugar
onde floria, exuberante, a esposa atual
de meu pai onipresente.

fatalidade

A mulher madura viceja
nos seios de treze anos de certa menina morena.
Amantes fidelíssimos se matarão em duelo
crepúsculos desfilarão em posição de sentido
o sol será destronado e durante séculos violas
                                        plangentes
farão assembleias de emergência.

Tudo isso já vejo nuns seios arrebitados
de primeira comunhão.

busto renascentista

quem vê minha namorada vestida
nem de longe imagina o corpo que ela tem
sua barriga é a praça onde guerreiros se reconciliam
delicadamente seus seios narram façanhas inenarráveis
em versos como estes e quem
diria ser possuidora de tão belas omoplatas?

feliz de mim que frequento amiúde e quando posso
a buceta dela

as vacas magras

é porque entrei demais na sua intimidade que
estou fora dela agora

o excesso de amor nos separou

falando sério

Outro amor? Não caio mais.

ré menor

fazendo versinho
querendo carinho

dente por dente

meu amor
por aqui tem se ido continuo
o mesmo e você
já
continua a mesma?
          apesar
de tudo
demônio te
amo

estilhaço

não me procure mais
não relembre
cada um sofre pra seu
lado

propriedade privada

meu bem que
pena seu
silêncio
assim ninguém saberá
— nem eu — deste amor enfezado e
doce
que você me
tem

encontro desmarcado

admiro muito meu amor
porque sempre está por perto de si mesma e
longe de mim e eu tenho
andado muito longe de mim e perto de si mesma

fazendo as contas

Vi meu amor chorando duas vezes
Numa nos conhecemos. Noutra nos despedimos.

capa e espada

meu amor sentindo-se incapaz de ser amada
levanta herméticos escudos e duendes a qualquer dádiva
que de mim — ai de mim! — possa brotar

nada mais ameaçador que os olhos do amor

contando vantagem

Muitas mulheres na minha vida.
Eu é que sei o quanto dói.

o xis do problema

é muito triste que nossas intenções sejam
sempre contrariadas
você me compreende, meu amor?

orgulho

decresça e
apareça

sinistros resíduos de um samba

não chore meu amor não chore
que amanhã não será outro dia

primeiras impressões

jamais quis tão pouco nesta vida
ouvir de uma certa boca a palavra adeus

o navio deixa o cais e uma negra foice
mergulha e novamente mergulha e novamente

sons esparsos martelando tímpanos
que são cerejas e gorjeios de passarada

cai a noite jamais quis tão pouco nesta vida
ouvir numa certa hora a palavra adeus

cartesiana

daquele amor que nunca tive tenho
saudade ou esperança?

passeio no bosque

o canivete na mão não deixa
marcas no tronco da goiabeira

cicatrizes não se transferem

seresta ao luar

desde que declarei meu amor nunca
mais me olhou de frente

o mergulhador

I
Estamos em pleno ar.
Plataformas de nuvens recebem meu corpo mas não
recebem meus braços. Bússolas inúteis meditam.
Horizontalmente os astros fabricam as dimensões
do abismo. Penso em meu amor. Qual deles?

II
Voltando às origens já não recordo meu nome
já não pressinto meu peso pressinto apenas
a suave dispersão na inexistência.

segunda classe

luis olavo fontes
antonio carlos de brito

segunda classe
[1975]

em parceria com luis olavo fontes

"lá se vai no vai e vem
gado povo turistas e
dois poetas: pra quê?
pra sentir no ar o barulho do rio;
pra sentir na pele o
áspero ribeirinho;
pra sorrir;
e depois tirar uma pena da cartola
e um papel do bolso e mostrar
pra você, a poesia."
CHACAL

"... De Pirapora a Juazeiro
São Francisco monta o enredo
os grandes sertões: veredas
a poesia nos troncos de pau-brasil
à margem
sortidos e retalhos
por baixo da saia com graça de
segunda classe
e mais os contravazios
via a viagem
abacate cambucá e tangerina
o urubu é que faz castelos no ar
a cigarra cheia de ci
tupis rubis e abacaxis
segue sem lei a barca Wenceslau Brás
vistoria a água
que não teme os abismos
a grande incólume..."
AUGUSTO RIBAS LOPES,
Rosamário

"...
Que a poesia é a descoberta
Das coisas que eu nunca vi."
OSWALD DE ANDRADE

município

Os vermes devoram a galinha. O rio devora os vermes e se devora.

É logo ali Pirapora.

silêncio

ventos uniformes não mordem
engolem
        de uma vez
                as árvores
os pássaros do chão
                as papoulas mortas

utopia

nas margens do São Francisco quero
sentar para namorar

primeiras descobertas

o cantil sumiu. Depois apareceu.
A dona do cantil também sumiu. Mas depois
também apareceu.

segundas descobertas

olhar esse rio branco
corrente rente no meio das
pedras no meio do tempo
não é fácil

são francisco

Quando vi o rio quase
pirei: piraporas da minha cabeça.

bicicleta

a bicicleta atravessou
o rio a bicicleta
atravessou os olhos
levando tombo pelas pontes

do outro lado do rio
os amores que não conheci

notícias

não fui ao correio porque não tinha
pra quem telegrafar

jura

minha boca sopra no vento: eu te
amo eu te amo

uma navalha corta em dois meu coração

papelaria

na papelaria o rio se vestiu
de mapa enquanto à margem
maravilhosos se repartem pobres
papéis sintetizados triste
espetáculo do poema carimbado

circo

Ontem fui ver o circo
dos leões que rugem nos fundos
da infância cercada

grã-circo

e agora os três leões asiáticos
NERO   REBECA   e   PAXÁ

(Bocejos...)

Bravos! Belíssima apresentação!

início das aulas

Fui ao circo.
E vi o elefante. E vi o macaco de tênis as
coxas da trapezista e vi muito
mais bichos.

Só não vi o prefeito.

óbvio

A melhor Coca-Cola de Pirapora
é a do Bar Califórnia.

lenços brancos

a selva respirando o rio
hinos de passarinho
a barca se despedindo
em fagotes alucinados

ave

alguém falou?
se falou silêncio
há um socó cortando os ares

são francisco

O velhinho saiu da janela pra não ser fotografado.
Coisa de criança.

inacabado

adio
vou estudando
adio
vou viajando

vidinha adiada a minha

pedido

— Empresta o caniço?
— Zom!
— O anzol...
— Zim!

Tem um japonês na barca

turistas na barca

o casal chique alugou a primeira classe
alugou a segunda para o carro jogaram
os miseráveis na água as crianças e
o mau cheiro na casa de máquinas

tomando sorvete de chocolate

moda de viola

Os olhos daquela ingrata às vezes
me castigam às vezes me consolam.
Mas sua boca nunca me beija.

voracidade do gato

onde as festas
mágicas que costumávamos
enfrentar a tarde?

o gato comeu

ontem frestas
pálidas contumazes

mas o gato também comeu

indefinição

pois assim é a poesia:
esta chama tão distante mas tão perto de
estar fria

antiquário

Minhas depressões sem diques ricochetearam
em seus vales. Tanto tiroteio à toa
acabamos o namoro.

idade madura

Meu coração anda inquieto e sufocado como
na infância
nas noites de tempestade. É risonho meu futuro?
Minha solidão é indescritível.

na folha de caderno

Queria te dizer coisas singelas e verdadeiras
mas as palavras me embaraçam.
Estou triste, meu amor, mas lembre-se de mim com
alegria.

retrato

à noite chapadões sombreados
pintam o esqueleto das margens
o vapor resfolegante expelindo
vaga-lumes carbonizados
quantas estrelas tanta água
penso no meu amor lendo Drummond
com lentes de contato
nervosa e linda sublinhando adjetivos
treva ambulante
a paisagem se descasca
as mesmas estrelas
as águas que passam
meu radar está quebrado
esqueci a mentira
aclarou-se o mormaço
a noite veste cabelos louros
recém-cortados

diário

hoje de manhã
comi meu último chocolate
pensando na Caque

tremenda vontade
de me queimar nessa cana
saudades da Ana

januária nas janelas

I
Januária
uma praça
onde se vende cachaça

vidas secas
um soldado amarelo pisando
o pé de Fabiano
pitam os farrapos de Sinhá Vitória
várias Baleias mortas

As mangas tavam que tavam tochas
madurinhas
mas tinha um cachorro preto na porta.
Casa que tem manga tem cachorro preto
na porta.

uma negrinha chamou num beijo vem
gostoso...

II
restos
favelas
apodrecendo exaustas
as criancinhas pediam fotografias
mãos vazias
procurei em vão no céu sem pipas

o velho tirou a cadeira pra beira
da rua e cachimbou
passados perdidos numa nuvem
de insetos
o menino do pé quebrado contou
mais na frente num morro alto
Jesus foi crucifixado

diz que derrubaram a mais bonita
a mais antiga igreja de Januária
pra fazer uma cimentada
filhos da puta...
falar mal de padre é pecado

III
Seis horas fez um cartão-postal no
São Francisco

deixei Januária no silêncio crepúsculo das
mortes vermelhas
comendo uma manga
espada
céu e manga sangrando os beiços
uma só cor
        esbagaçada

Januária é nome bonito

januária

A doida vagava na rua mas não ia a
lugar nenhum.
Já tinha chegado.

berço esplêndido

De águas pretas e mansas é feito meu sangue
onde toda fúria é represada. Nada compensa a
lentidão da miséria jamais na lembrança
sepultada.
Imperceptível meu braço fende — como num coice —
o crânio rubro da madrugada.

casa isolada

arrabaldes debalde
ninguém
para ver o debacle

minha solidão é nada
a deles empalidece verde
mata

apitos suam vazios
acenos à família gritos
acendo um cigarro

paraíso perdido

borboletas em revoada e mais as múltiplas
variedades do verde e mais a inesquecível
palavra
Igarimã:
como é bela e harmoniosa a Bahia que não
conheço!

substância

a fazenda retira poemas do bolso
vida no rio é vida de barro
se a pedra mais bicuda se arredonda
vai mudando
Igarimã está igual há anos
séculos tupiniquins americanos
ainda não encamparam
Igarimã a poesia explícita
vida mansa
          ócio do ofício
desce o rio provocando a criança
tem tempo presa no peito

bíblico

o barco parou para reabastecimento
homens com toras nas costas
dei uma volta no bosque
quem foi que disse que Paraíso não existe?
Existe sim, mas tem cascavel.

constatando

era verdade
os urubus passeiam mesmo entre
os girassóis

populações

minhas cadências se perdem nas águas
feixes de peixes tarrafas
essa gente não está muito magra?

signo

Eu já não sei de quem falo eu já não sei
de quem calo.
Na travessia da noite meu corpo se transfigura
                                        peixe
metade cavalo. Lá estou eu.
Como achá-lo?

mesmos sertões

São Francisco chegou de surpresa
carregou os passáros
que meu avô ensinava
a vista medida
vazante cala
nos caminhos ermos desse rio
meus antepassados me encaram famintos
ainda vivos
fantasmas escavam minha face

carinhanha ao meio-dia

o sol derretendo
qualquer poema

mudando o estado

a Bahia faz reverência
mostra as serras
as dunas de areia
bancadas verdes
me esquecem

o poema nasce perdido
na infância
em vários Andrades
sem outros problemas
sigo viagem

dedicatória

meus olhos jamais se esquecerão de tudo que viram
na Bahia meus olhos jamais se esquecerão
              e nem — sobretudo — meu coração

petrolina condenada

a catedral gótica
e uma invasão de formigas
sobre as torres do abismo
a família Coelho
donatários

caso

Seu Araujo foi à feira de Juazeiro
trocar de mulher
trocou com o Zé
que lhe deu a Solange
(magrinha) mais um Pitu
debaixo do viaduto
sob uma esquadrilha de urubus
beberam juntos

juazeiro devasso

sombras decapitadas
calor retado
caralho

mal informado

que alegria em lua vazia
na lagoa do acarajé
comer abaeté

corpo a corpo

estava dançando bem até que a Bahia
passou uma rasteira no meu verso

samba

triste e enfeitiçada Bahia quando você se
requebrar caia por cima de mim

falta de ritmo

meu amor — que consigo sempre se engana — é
uma verdadeira falsa
baiana

geografia

Na ignorada cidade de
São Mateus o rio Abissínia
nasce
cresce
e fenece

na corda bamba

[1978]

"Só pra ficar nu
preciso de sete alfaiates."
EL REI DOM MANUEL
CARLOS SALDANHA, II, 76

vida e obra
[para Eginardo Pires]

Você sabe o que Kant dizia?
Que se tudo desse certo no meio também
Daria no fim dependendo da ideia que se
Fizesse de começo

E depois — para ilustrar — saiu dançando um
Foxtrote

vestibular
[para Sueli Costa]

Não creio mais na metafísica porque tenho
Medo da morte

papo furado
[para Nilo de Oliveira]

O transcendental se dissolvendo no
Efêmero

estratégia

Dá um teco no cara
Mija no cano
E joga a arma no rio

relógio quebrado
[para Helô]

Não sei parar na hora
Certa

célula mater
[para Roberto Schwarz]

Unidos
Perderemos

ecologia

Num tá fácil, malandro,
A natureza tá ficando desarvorada

como é bonito rio das ostras
[para Betinha]

Eu vi um rio desaguar no mar

cuba-libre
[para Jaiminho Schwartz]

Aquele avião não parece
                    Que voa na contramão?

lar doce lar
[para Maurício Maestro]

Minha pátria é minha infância:
Por isso vivo no exílio

obra aberta
[para José Joffily Filho]

Quando eu era criancinha
O anjo bom me protegia
Contra os golpes de ar.
Como conviver agora com
Os golpes? Militar?

natureza-morta
[para Charles]

Toda coisa que vive é um relâmpago

na corda bamba
[para Chico Alvim]

Poesia
Eu não te escrevo
Eu te
Vivo

E viva nós!

passou um versinho voando? Ou foi uma gaivota?

tropicália
[para J. A. Giannotti]

Em viveiro de arara tucano é
Tirano

sinfonia vegetal
[para Marilinha]

Eu vi
Eu tava lá
Elefante chupa flauta e toca cana
Ao mesmo
Tempo

um homem sem profissão

Já que estava à toa resolvi fazer um poema
Agora faço pra ficar à toa

fotonovela

Quando você quis eu não quis
Qdo eu quis você ñ quis
Pensando mal quase q fui
Feliz

divisão do trabalho
[para lila]

Não sei guiar
Não sei nadar
Não sei dançar

o filho da mãe
[para Sérgio Santeiro]

PAPEI
PAPAI

modéstia à parte

Exagerado em matéria de ironia e em
Matéria de matéria moderado

santa ceia

Poesia se faz assim
Era uma vez um castelo distante onde morava
Uma linda princesinha
O dragão foi lá e comeu ela
Quem fizer por último come toda
Merda dela

nostradamus
[para Davi Arrigucci Jr.]

Que homem esquisito essa
Mulher

capricho
[para Lu]

O vento pede um instante e troca de sutiã

agenda

Noite profunda. Sono profundo.
Esperança rasa.

testamento
[para Lourenço Baeta]

Dei a pala
Perdi o bonde

aporias de vanguarda

Cão que ladra não fode. Certo. Mas
Cão que morde ladra. Como pode?

coincidência
[para Hélio Pellegrino]

Todo mico é meio de
Circo

boêmia

Acho que hoje já é
Amanhã

dilema do ioga
[para Leilah]

Não sei se penso no futuro ou em que dedo do meu pé

golpe de estado
[para Gélson Fonseca Jr.]

Urubu-rei reina mas não
Governa

minoridade
[para Paulo Guimarães]

Sou criança mas não sou
Bobo

arca de noé
[para João Carlos Pádua]

Nasceu
Fudeu

façanha

Tomou muita cachaça
Ficou lúcido
Quis se matar

codaque

O sol recorta as nuvens no seu mapa.
E a sombra bate de chapa.

sucesso na geral

Mulher e diabo se conhece pelo
Rabo

consolo na praia
[para Maria Cecília Londres]

A beleza passa mas a inteligência
Permanece

carteira profissional
[para Virgínia Sabino]

Não sou amado no amor: sou
Amador

fora de hora
[para Cinthia Fontes]

De tanto cantar o dia inteiro o galo
Adormeceu de cansaço e de noitinha.

O dia chegou sem ser anunciado.

segmento áureo

Verdade última o melhor verso é sempre o penúltimo

jardim da infância

para Saul e Maria Inêz

tudo certo

Em frente à casa da fazenda havia um
Cruzeiro dentro de um cercado junto de um pé
De paineira. Ninguém falava nada.
Era um morto enterrado.

iniciação

No tronco à esquerda da escada alguém
Riscou a canivete uma jura de amor.
Ficava cismando.

sacrilégio

Numa tarde erma e de raros ventos
Enrabei a cabritinha. Acho que ninguém viu.

o lugar da transgressão

Encontrei um sapo cochilando dentro de
Minha botina. Nunca me meti em botina
De sapo. Que liberdades são essas?

paisagem

Avião podia descer ali, entre coqueiros e bois.
Da varanda parecia que ia entrar casa adentro.

estórias

Contavam que naquele rio tinha muitos
Afogados. Olhava as águas com respeito.

viajando

Na noite quente de janelas escancaradas os morcegos
Passavam rente aos nossos rostos. Ocupados em sonhar
Nem dávamos por isso.

rotina

Uma comissão de urubus inspeciona
O pasto desde ontem. Foi cascavel novamente.

memória arbitrária

Cu de cavalo é uma coisa engraçada.
Quem não reparou que repare.

beabá

De dia o capataz nos ensinava a usar o
Laço e obedecer aos pais. Engravidou uma menina
Que podia ser sua neta. E era.

mar de mineiro

cacaso

mar de mineiro
[1982]

para Nelson Angelo e Novelli

postal

                    Nenhum mar.
Um domingo. Um tridente.
Dois cavalos. Meu coração segue cego e feliz
                                como
              carta
extraviada

no caminho da gávea

O táxi para na esquina e meu
coração está calcinado.
A paisagem é impecável no seu
espetáculo simétrico e lento. O sol cochila.
Do outro lado da rua e de mim
o mar deságua em si mesmo.

idade de ouro

Chiquinho encontrava no fundo da memória
uma vaca
Eva um pássaro
e ambos ainda se lembravam de um
caboclo que deambulava pelo bosque
                      do idílio.

sem nome

Meus seios batem nos céus e nos mares
e a música me transporta do quintal
                de minha casa
para os anéis de qualquer planeta perdido.
Em minha cabeça degolada amadurece
um pensamento impossível.
Mais uma vez não vou por bem vou por mal.

posteridade
[para Mário Carneiro]

O colete preto de meu avô montava num burro
preto e posava para retrato
o colete virou sorvete
do burro não mais se soube
e meu avô ficou
demente

tempo

Um dia nos lembraremos deste tempo se lembrança
houver
que estivemos nesta sala que algumas vezes nos
                                        tocamos
éramos mais felizes mais moços

um dia nos levaremos deste tempo se levar
houver

valsa neorromântica
[para a Tim]

esta redondilha me lembra os tempos
em que o luar naufragava em águas verdes
oh mares de minha infância tão vazia de mares
                       (e elevadores)
esta redondilha me lembra dom pedro em sonho
casando com minha vó por   par   te
                                  de
                        pai

táxi

O poeta passa de táxi em qualquer canto e lá vê
o amante da empregada doméstica sussurrar
em seu pescoço qualquer podridão deste universo.
Como será o amor das pessoas rudes?

O poeta não se conforma de não conhecer
todas as formas da delicadeza.

desencontro marcado

Diz-que Ele aparece
pra quem não anda direito pra quem
não vive direito. Quanto menos encarnava
mais a falta acontecia: inevitável horror
nos sonhos se consumia.
Na escuridão esponjosa a consciência infantil
toca trombeta.

Ainda hoje confio na chegada do capeta.

elogio da loucura

Certo rapaz de longos braços e barbas
viu qualquer coisa que nenhum mortal jamais
nem pressentiu ou saberá
pois o certo rapaz — que pena! — jamais
voltou pra contar

álbum

A família descansa as frontes sobre os punhos
e em cada face se veem as transparências do sonho.
Mas, observem, os punhos estão cerrados.

convívio

a conversa corre animada os amigos se
estimam se
reconhecem transborda calor humano na sala

aos poucos
todos ficam pensando como será daqui a pouco
o enterro de cada um

venus brazil

A cidade acampou na beira do circo.
O circo está de passagem.

exceção
[para Maria Borges]

desconfio que todos os meus atos são pretextos

porvir

A Inquisição era
fogo

álgebra

No triângulo amoroso o círculo tende
a vicioso

rito

Cadê o queijo que estava aqui?
O gato comeu.
Gato filha da puta.

panaceia

mesmo triste comprove
a alegria é a prova dos 9

temporada

Se o porco é espinho
caço e asso
se o corpo é sozinho
traço e passo

juízo final

pecado é para manchar ou colorir
nossa alma?
o menino disse mão de padre é
branquinha
fofa sebosa

manhã profunda
[para Maria Alice]

Um passarinho cantou tão triste
tão sozinho
um outro respondeu espere já vou
aí já vou aí já vou aí

marcha fúnebre

Nem era morrer era um gesto de
chapéu que
se perdia no ar com a própria
              mão e a
         alma
  que lhe dera movimento.
Um cochilo e o sono eterno.

máquina do tempo

E com respeito àquele problema do
futuro acho que vou ficando por aqui...

salário máximo

De noite sou amante da empregada.
De dia sou patrão da amante.

didática

A solidão de meu pai foi qualquer coisa
um pouco depois da vida um pouco antes da
morte. Como o câncer, por exemplo.

prática da relatividade

Meu namoro com fulana foi uma trepada
que durou 6 meses. Minha trepada com beltrana foi
um namoro que durou uma tarde...

brinquedos
de Pedro Assumpção de Brito

Basta ela tocar
Raia um sol dentro da mente.
Índios dançam
Naquele momento
Que coisa linda!
Um soldado toca a corneta
Em cima
Do castelo.
Os brinquedos
São encantados.

história da riqueza do homem
[para Sergio Góes]

Tostão não tem perdão
vintém não tem meu bem

preceito

Dinheiro não tolera desaforo

poética

Academia Brasileira de Letras de Fôrma
Academia Brasileira de Letras de Câmbio

o mar
de Pedro Assumpção de Brito

O mar é forte,
fraco e bonito
nunca é feio.
O mar é fraco
para passar a canoa
forte para o navio pirata
azul para passar
o barco da princesa
vermelho para passar
o aventureiro.
De noite, o mar sobe
o mar puxa o homem mau
e refresca o bom.
Sabe para que serve o mar?
Para enfeitar o mundo.

infância (1)

submarino é um avião que nada
e tem olho de peixe

infância (2)

Eu matei minha saudade mas depois
veio outra

serviço de informações

Pau mole
Dedo duro

palimpsesto

Gambá come rato
pato come terra
bezerro come jornal
sanhaço come bagaço
azulão come mamão

conversa de tico-tico

— João Pires às suas ordens...
— Antônio Carlos para servi-lo...

fazenda são pedro (1)

Aqui rabicó é pitoco.
E pitoco é rabicó.

O mijo é a escritura do cachorro.
O dente da galinha é a moela.

E esse estrondo que está acontecendo lá fora, na melhor das hipóteses, é um puta trovão.

fazenda são pedro (2)

Aqui tem 3 tipos de veneno pra rato.
E 4 tipos de rato pra veneno.

fazenda são pedro (3)

Aqui todo Francisco pode ser Chico.
Mas nem todo Chico é Francisco.
Às vezes é
Tarccee Eurides Anton

livre-arbítrio

Todo mundo é toureiro.
Cada um escolhe o
touro que quiser na vida.
O toureiro escolheu o
próprio
touro

a palavra do $enhor

No princípio
era
a Verba

lógica menor (de idade)

Nem todo Guerreiro guerreia
Nem todo Pacífico é de paz
Nem todo Constante é constante

Mas a Gracinha é gracinha

já já

Se a morte é mesmo certa
que seja também pra já
mas antes quero ouvir na laranjeira, à tarde,
cantar o sabiá

Se vier na flor dos anos
pois então que venha já
mas antes quero as três mil mulheres maravilhas
do sabonete araxá

A flor da idade floresce?
que venha a morte já já
mas que tenha, tomara, o mesmo perfume
da flor do maracujá

Bem-vinda bem-vinda a morte
que a morte venha já já

sobre a prática
[para Miúcha]

Passamos a vida lutando com demônios
que a própria vida criou.
A única maneira de derrotar tais demônios
é parar de criá-los.
Mas, já que estão criados, a melhor maneira de
parar de criá-los é derrotá-los.

Viva a luta
viva a luta viva a revolução

tiau roberval
(ou: vai nessa malandro)
[para Roberto Bonfim]

Segunda-feira cedinho
o telefone fez thrííimm!!!...
Sabe o que aconteceu?
Morreu Renato Landim.
Como é? Como assim?
Pois é. Ontem mesmo.
Deixou bilhete pra mim?
Uma piada engraçada
uma empada de nada
uma bicada de gim?
Uma desgraça pelada
um toque de serafim?
Uma conversa fiada
e outra de botequim?
Morreu de morte morrida?
Morreu de morte querida?
Morreu do baço? Do rim?
Indigestão de si mesmo?
Paçoca de amendoim?
Morreu de causa secreta?
Morreu de tiro de meta?
Morreu de morte concreta
ou só morreu de festim?
Morreu calado? Falando?
Morreu sentado? Sentido?
Morreu parado? Andando?
Morreu pelado? Vestido?
Morreu de fraque? De brim?
Coitadinho do Renato

do Renatinho Landim
a chama se consumindo
na vizinhança do fim.
Sabe quem se matou?
Foi o Renato Landim
que a própria chama soprou
como se fosse Aladim.
Quem foi no enterro dele?
Quem foi na hora do fim?
Tinha o Jorge Moura Costa
de guarda-chuva e pastinha
tinha o Roberto Lamego
sem o sossego que tinha
Chico Nélson Zé Bolota
Rubém Cunca Heleninha
Sérgio Góes Décio Cecília
Regina Beto Mechinha
o pessoal da esquina
gente de copa e cozinha
Jujuba Gilda Leilah
Cláudia Sandra Leilinha
Maria Irma e Cristina
— nunca vi tanta baixinha —
Sula Bíti Andréia Bia
Cacaso Ernesto Gracinha
Cadê Pedrinho Moraes?
Cadê Jaiminho? E Carminha?
Era o Gilberto Loureiro
e três ou quatro Marias
era o Ângelo de Aquino
Paulo Sérgio Antônio Dias
eram comadres e sogras
viúvas primas e tias
Antônio Flávio Gonçalo

Jaimicão Dinda Jaimico.
Tinha sol frio e chovia
e o dia até parecia
o próprio dia do fico.
Tinha a turma da pesada
e tinha a turma do im:
a César o que é de César
estava o César Tedim
também estava o Ismael
por sobrenome Cardim
além da ausência presente
da Marilinha Alvim
e o mais tristíssimo deles
que era o Roberto Bonfim.
Pula o muro de Belém!
Bate o sino de Berlim!
Disse que ia e não fui!
Disse que vinha e não vim!
Segunda-feira chuvosa
Domingo de folhetim
Morreu Renato barrasco
Morreu Renato fiasco
Morreu tim-tim por tim-tim
Morreu Renato pateta
Morreu Renato poeta
Morreu um pouco de mim

o fazendeiro do mar

Mar de mineiro é
                inho
mar de mineiro é
                ão
mar de mineiro é
                vinho
mar de mineiro é
                vão
mar de mineiro é chão
Mar de mineiro é pinho
mar de mineiro é
                pão
mar de mineiro é
                ninho
mar de mineiro é não
mar de mineiro é
                bão
Mar de mineiro é garoa
mar de mineiro é
                baião
mar de mineiro é lagoa
mar de mineiro é
                balão
mar de mineiro é são
Mar de mineiro é viagem
mar de mineiro é
                arte
mar de mineiro é margem
mar de mineiro é
                parte
mar de mineiro é

                     Marte
Mineiro tem mar de
                   menos
mineiro tem mar de
                   mais
mineiro tem mar de
                   Vênus
mineiro tem mar de
                   cais
mineiro tem mar de zás
Mar de mineiro é
                   savana
mar de mineiro é
                   sovina
mar de mineiro é banana
mar de mineiro é
                   bonina
mar de mineiro é mina
Mineiro tem mar de cio
mineiro tem mar de
                   fonte
mineiro tem mar de
                   rio
mineiro tem mar de monte
mar de mineiro é
                   horizonte
Mar de mineiro é tudo
mar de mineiro é
                   fase
mar de mineiro é
                   mudo
mar de mineiro é quase
mar de mineiro é
                   frase

Mar de mineiro é
                mar
mar de mineiro é
                mago
mar de mineiro é ar
mar de mineiro é
                lago
mar de mineiro é vago
Mar de mineiro é
                janeiro
mar de mineiro é
                profundo
mar de mineiro é
                mineiro
mar de mineiro é
                segundo
mar de mineiro é
                mundo
Mar de mineiro é
                tripa
mar de mineiro é grave
mar de mineiro é pipa
mar de mineiro é ave
mar de mineiro é
                nave
Mineiro tem mar de campo
mineiro tem mar de penha
mineiro tem mar de
                trampo
mineiro tem mar de brenha
mar de mineiro é
                senha
Mar de mineiro é
                curvo

mar de mineiro é
                de Espanha
mar de mineiro é
                turvo
mar de mineiro é manha
mar de mineiro é
                montanha
Mar de mineiro é
                lindo
mar de mineiro é
                bonito
mar de mineiro é
                bem-vindo
mar de mineiro é
                maldito
mar de mineiro é
                pito
Mar de mineiro é
                rimas
mar de mineiro é véu
mar de mineiro é
                primas
mar de mineiro é
                anel
mar de mineiro é céu
Mineiro tem mar de prenda
mar de mineiro é coreto
mineiro tem mar de emenda
mar de mineiro é soneto
mar de mineiro é
                preto
Mar de mineiro é
                centro

mar de mineiro é
>   plasma
mar de mineiro é
>   dentro
mar de mineiro é asma
mar de mineiro é
>   miasma
Mar de mineiro é
>   arroio
mar de mineiro é
>   zen
mar de mineiro é
>   aboio
mar de mineiro é nem
mar de mineiro é
>   em
Mar de mineiro é
>   aquário
mar de mineiro é
>   silvério
mar de mineiro é
>   vário
mar de mineiro é
>   sério
mar de mineiro é minério
Mar de mineiro é
>   gerais
mar de mineiro é
>   campinas
mar de mineiro é
>   Goiás
Mar de mineiro é colinas
mar de mineiro é
>   minas

poemas esparsos

+

beijo na boca e outros poemas

[1985]

nota do editor
Os poemas compreendidos entre "Surdina" e "Talvez domingo" foram publicados na seção de inéditos no volume póstumo *Lero-lero [1967-85]*, lançado em 2002 pela Cosac Naify. O poema "Felicidade" e os subsequentes até "Presidente" apareceram pela primeira vez na seção de inéditos de *Beijo na boca e outros poemas*, publicado pela editora Brasiliense em 1985, dois anos antes da morte de Cacaso. A reunião trazia 21 poemas novos e uma seleção generosa de poemas de todos os livros lançados pelo poeta: *Mar de mineiro, Na corda bamba, Segunda classe, Beijo na boca, Grupo escolar* e *A palavra cerzida*, além de uma amostra de catorze letras de música.

surdina

Primeiro o Tenório Jr.
que sumiu na Argentina
Depois quando perigava
onze e meia da matina
veio a notícia fatal:
faleceu Elis Regina!
Um arrepio gelado
um frio de cocaína!
A morte espreita calada
na dobra de uma esquina
rodando a sua matraca
tocando a sua buzina
Isso tudo sem falar
na morte do velho Vina!
E agora é Clara Nunes
que morre ainda menina!
É demais! Que sina!
A melhor prata da casa
o ouro melhor da mina
Que Deus proteja de perto
a minha mãe Clementina!
Lá vai a morte afinando
o coro que desafina...
Se desse tempo eu falava
do salto da Ana Cristina...

monumento

Merda de pombo
Doença da pedra

álgebra elementar

perder um amor é muito duro. perder dois é
bem menos

vice-versa

amo como se tivesse 15 anos quando eu
não amava como se tivesse 30

espelho mágico

desta vez fiquei certamente confuso
mas disto estou certo
antes não estava certo de estar confuso

tarde em januária

mangas rosas vermelhas verdes e o negro
cão mangas rosas vermelhas verdes
e o negro cão mangas rosas vermelhas verdes
e o negro cão

manias

este é curió aquele é pintassilgo
coleirinha sabiá da mata responde quem
roubou
o meu amor?

a vida pra sempre colecionada no álbum de
figurinhas

peça didática: festival de piparotes ou nunca à maneira de brecht
[para Clara de Andrade Alvim]

1º Ato — Primeiro ato mesmo
Façam silêncio na sala e no planeta o
poeta vai dar início à criação.

2º Ato — Carteira de identidade
Jamais escreverei um verso que não tenha algo de
verdadeiro que não seja logo reconhecível,
                                              além de meigo.
Tudo preparado, começo amanhã.

3º Ato — Quanta gentileza
Se eu falasse daquilo que me aflige
jamais conseguiria reler este poema.
Maldita metalinguagem
como pude ser tão cruel comigo mesmo?

4º Ato — Com a boca na botija
Os poetas dizem que a dor do amor perdido
se localiza no peito, na zona do coração.
No peito deles, no meu é que não.

5º Ato — Acorde perfeito
penhorado o poeta agradece a atenção dispensada
decrescendo: voltem sempre voltem sempre voltem
                                              [sempre etc. etc.

fotogramas

a estrada corria menos que o carro
                                  que mal corria
o vento não ia nem vinha plurivento
a paisagem tirava fotografia dos olhos
                                  de quem mal via
a estrada corria menos que os olhos
                                  que mal corriam
a paisagem tirava fotografia do carro
                                  de quem mal via
e o vento não ia nem vinha plurivento

17/6/1974

aos 30 anos reaprendi a chorar.
(Descoberta duríssima o quanto preciso
das outras pessoas.) Minha biografia posa novamente
para a posteridade e os negativos
devoram a noite minguante.
Mas inundam de luz a vida de minhas
retinas fatigadas.
Diria um marujo apaixonado:
Vamos ver onde esta praia
linda e deserta deságua.

3/8/1974

lembro-me ainda de remotas estações e meu
amor a ruminar seus demônios dilacerada entre
abutres que bailavam — voo silencioso.
Certa noite — a felicidade espreitava — instalou-se
o tenebroso inverno e qualquer coisa que não podia
[arrebentou.

4/9/1974

quem ainda não comeu banana
na beira do São Francisco não sabe o que
está perdendo
Comer banana-maçã na beira do São
Francisco. Vivendo e aprendendo.

meu corpo deixa sulcos na areia.
São marcas suaves, um pouco de mim que se modela
nas coisas, meu alucinado desejo de permanecer...

talvez domingo

Nunca marque encontro com o João Carlos
porque
ele não vai. Mas se você for espere porque ele
pode
chegar. Marque ou não encontro
com o João?

6/12/1974

felicidade

Meu príncipe
é desencantado

enfim só

Fique pra você

genealogia

A gente é o pai da gente

mínimo divisor

Cada um deve ser pelo menos dois

amizade

O sexo não tem sexo

grumari

Começa aqui
Acaba ali

substantivo

João Gilberto:
um quilo certo

paternidade

A inteligência é mãe
da moral

oferta

A amizade não
tem preço

preto no branco

De colorida já basta
a vida

bodas

Bombucado
Casadinho
Suspiro
Brevidade

havia

— Cadê a Via Láctea
   que estava aqui?
— O gato bebeu

natal

Eu queria uma bola vermelha,
amarela, verde.
Eu queria um banjo.
Eu queria uma coisa gostosa.
Eu queria querer.

descartes

Nada há
no mundo mais bem
distribuído
do que a
razão: até quem não tem tem
um pouquinho

ana cristina

Ana Cristina cadê seus seios?
Tomei-os e lancei-os
Ana Cristina cadê seu senso?
Meu senso ficou suspenso
Ana Cristina cadê seu estro?
Meu estro eu não empresto
Ana Cristina cadê sua alma?
Nos brancos da minha palma
Ana Cristina cadê você?
Estou aqui, você não vê?

mineiro pau

Minha espingarda pica-pau
é de caçar passarinho
E tem o cano fininho
e tem o aço levinho
e dá um tiro pertinho
faz um barulho baixinho

nova república

Se o Sr. me permite
Vou arriscar um palpite
Quem quiser que acredite
O inferno é o limite
Para abrir o apetite
Do povo e da elite
A política nomeia
A administração demite
(Antes de usar, agite...)

manhãzinha

7 ou 9 pombas
ciscando no asfalto
teste de Cooper
ermo
marinho marina
dinossauros de nuvens
alaranjado rosa
sangue
esplendor
sol nascente

rei posto

Mãe é mãe
Sol é sol

Lua é muitas
Sol é um

Sol
sol sol

morte

1
Não nasci para a ênfase
Sou tristonho
Quem me vê não vê que sou feliz
Sou um dogma
Sou um prisma

Eu quero um só
Quero tudo

2
Eu te amo oh morte
Sou sádico, sou belo, sou completo

Sou igual a ti
Não deixo resto
Por isso te conquistarei

Eu te amo oh morte!

presidente

Tancredo
Tancredinho
Tancredão
Olhai pro céu
Olhai pro chão
Tirai este peso
Do seu coração
São Tancredo
De São João
Alma santa
Corpo são
Bão balalão!
Bão balalão!
Bebe o vinho
Come o pão
É procissão!
É procissão!
Viva a ordem
Viva a lei
Salve São João del Rei!
Salve Ulisses e Sarney
Viva São João del Rei!
Um Presidente Doutor
Nosso Doutor Presidente
Seu dia consagrador
É dia de grande ausente
Vai devagar com o andor
E vai ficar pra semente
E sai da frente
que atrás vem gente...

poemas anteriores
a *palavra cerzida*

corrida e corredor

Em corrida de fim de verso
que vai da nascente ao amor,
não tem valor a corrida:
Gosto mais do corredor.

Não que a corrida seja
de verso débil e falso,
mas se o caminho é calçado
o corredor vai descalço.

E corre de mão pregada
de olho cego no vento:
Se o verso é feito de passo
o passo é puro cimento.

A corrida ao mesmo tempo
é princípio e é final:
Não faz o bem pelo bem
nem pelo ruim faz o mal.

Mas corredor e corrida
se fundem num tom aéreo:
Se é tudo escuro há razão,
se tudo é claro há mistério.

12/12/1962

confidência a vila rica

Vila Rica quero morrer
num dia de quarta-feira,
de discurso e suspensório
de violeta e velório
de gravata e procissão:
Quero morrer qual quem vive
no subsolo do chão.

Quero morrer, Vila Rica,
do jeito que Deus quiser:
No espinho de ponta grossa
colhendo milho na roça
jogando pedra no santo:
Quero morrer todavia
toda vida no entanto.

Quero estátua na praça
quero ser nome de rua.
Que fui um homem sem erro
no dia de meu enterro
quero escutar toda hora:
Se alguma coisa sobrar,
minha vida noves fora.

Vila Rica quanta saudade
eu vou deixar pra semana
que vai terminar no meio
de um dia que quase veio
cristalizar minha sorte:
Cristalizar minha vida
no dia de minha morte.

Eu vou partir, Vila Rica
sem letra de testamento
pois tudo que a mim pertence
é este amor que me vence
quer eu queira ou não queira:
Vou ser um anjo de gravata
num dia de quarta-feira.

25/09/1963

indagação

Em que céu de azul-celeste
o amor que tu me deste?

Em que ilha do pacífico
eu perdi o meu carinho?

Em que chão contaminado
meu amor está gravado?

Em que mar de água doce
o amor que a água trouxe?

Em que meio, em que cidade
ficou minha liberdade?

Em que mão de namorada
o meu tudo virou nada?

Em que curva da montanha
o amor que não se ganha?

Em que estrela, em que astro
não conduzo o meu rastro?

Em que sede, em que fome
a tristeza me consome?

Em que nódoa da distância
desfalece minha infância?

Em que tempo, em qual muro
se antecipa meu futuro?

Em que fruta sem semente
vou vivendo meu presente?

26/04/1963

canção pequena

Girando meu bem girando
enquanto fluir da terra
a chama que faz girar:
Meu paletó ficou preso
nas cordas de seu olhar.

Cantando a vida cantando
enquanto meu doce canto
conseguir me enganar:
Meu gesto virou cimento
meu palmo virou lugar.

Agora repito e falo
que não preciso de terras
nem me interessa morrer:
O meu verso que era fraco
fez o orgulho endurecer.

Mas canto a vida e canto
enquanto meu dia é forte
e eu sou forte também:
Meu paletó ficou preso
nos olhos não sei de quem.

15/01/1963

poemas inéditos [1977-87]

org. heloisa jahn

nota da organizadora
Estes inéditos constavam de alguns dos 23 cadernos manuscritos deixados por Cacaso com poemas, letras de música, registros de acontecimentos, observações, esboços, desenhos, reflexões por escrito sobre a família e gente com quem o poeta convivia. Por seu próprio caráter — de repositório de anotações —, acontece de recortes de determinados poemas desta seção fazerem parte de outros poemas ou de letras de música. Os poemas foram escritos entre 1977 e 1987 — ano da morte de Cacaso; estão publicados aqui na ordem em que aparecem nos cadernos.

natal-ano-novo [1977-8]

1
Você apareceu na minha vida
depois entrou na minha vida
mas comigo não viveu
me fez
ficar criança e sem defesa
despertou minha fraqueza
mas comigo não viveu
um grande amor quando nasce
é sempre perto do fim
minha razão diz que não
meu coração diz que sim

2
Querendo sair me tranco
tentando falar me calo
lá vem satanás chegando
no casco do seu cavalo
querendo entender tonteio
tentando explicar resvalo
lá vem satanás chegando
nas crinas do seu cavalo
Na sombra da minha carne
meu medo e meu regalo
lá vem satanás chegando
na venta do seu cavalo
escravo de sua escrava
meu dono e meu vassalo
lá vem satanás chegando
no sangue do seu cavalo

3
Mar do farol da ilha rasa
que pelo dia sumia
que pela noite piscava
voltando tarde pra casa
meu passo mais retardava
a minha cama vazia
a minha vida vazia
minha certeza voava
o que restou da agonia
o que a memória guardava

4
Quando vi o mar
pela primeira vez
fiquei espantado
fiquei encantado
e disse
sem falar
que bonito
que bonito
que é o mar

5
Vivo hoje em dia um romance
que me pegou pelo pé
e me virou a cabeça
que não tem nada que ver
com tudo que eu já conheça
vivo hoje em dia um demônio
que não tem pé nem cabeça
que não tem eira nem beira
que me envolve e me cheira

6
Tarde
longa tarde
de algum lugar não sei onde
um som de flauta se esconde
para melhor soluçar
com a alma em desalinho
percorro o mesmo caminho
e chego ao mesmo lugar
tarde
longa tarde
fim de festa cai o pano
enquanto um velho piano
se esvai em notas e dor
sem melodia e sem dono
entre as imagens do sono
por entre as cinzas do amor

7
Meu avô na sua hora
não posso mais te abraçar
não quero ver seu tormento
não posso desesperar
me diz meu avô da vela
que te desliza pro mar
morrer aos poucos menino
naquela hora sombria
em que se sabe que morre
no elo de cada dia
morrer pela voluntária
decisão por calmaria
viajando pelo fio
dessa navalha estendida
morrer de amor pela morte
e não de amor pela vida

8

Não vejo sombra alguma na parede
imploro uma ilusão e não consigo
não tenho a certeza de um amigo
nem água pra fingir a minha sede

Não vejo muitos rumos no meu passo
nem luz iluminando a noite branca
carrego uma descrença que é tão franca
na dor dessa certeza me desfaço

9

Mala pronta na calçada
a cama desarrumada
a vida desarrumada
sem força pra decidir
se parto devo ficar
se fico devo partir

10

Se eu fosse separar
aquela briga
tomar parte na intriga
de que lado que eu ficava
ficava era do lado da varanda
a dançar a sarabanda
no batuque que tocava

bonde andando

Tem tempo que é de sossego
tem tempo que é de morcego
tem tempo que é de amora
é logo aqui bem-te-vi
é logo ali Pirapora
onde um cachorro fantasma
latia fora de hora
não posso gostar do jeito
com que você me namora
mal acabou de chegar
e já diz que vai embora
passei a noite acordado
não vi nascer a aurora

república de itamambuca

O ventilador
Ai que fresquinha!!!

parto
A nova república
nasceu
de cesariana.

rua 16 de março
É hoje!!!

florália
Grama em placa
Estrume de vaca
Terra pronta

tabelas
— pão com manteiga: mil cruzeiros
— pão sem manteiga: quinhentos cruzeiros
— pão com margarina: oitocentos cruzeiros
— pão sem margarina: cem cruzeiros

livro vermelho
Nova República

identidade
Um sou eu!...
o outro não
sei
quem é...
(Não sei se não sei...)

ciência política
Nóis num pranta...
Nóis só cói...

corpo
O tempo emagrece
o espaço engorda.
Acho que não tem jeito.
Vida igual matéria.

alma
Alma
não
tem...

seu alfredo

Sinto muito, Senhor, sua causa está ajuizada. O Sr. está sendo executado.
Ou melhor, sua Senhora. O Sr. terá que fazer uma petição no 3º Ofício
e pagar custas, encargos e honorários.
Depois da baixa será averbado.
Nada consta. Não retroage.
Habite-se.

a ver

vi
os
na
vi
os

vara de família

I
Um casado quando dorme em cama de solteiro
continua casado.

II
Um casado quando dorme em cama de solteiro
continua casado ou solteiro?

III
Um casado quando dorme em cama de solteiro
continua casado ou solteiro.

existencialista

serrinha
No sítio, isto é, aqui, não tem cobras e terá maçãs.
As cobras — eram duas, parece —, mataram. Seu Sebastião
disse que eram jararacas. Eram, não são mais. Mataram.
E as maçãs, estão plantadas. Não são, mas serão.
Paraíso é isso. Com frutas; sem bichos malignos.
Exceção para os cachorros com donos, mas legítimos
vira-latas, que dormem de dia e de noite rondam como
fantasmas quadrúpedes. Eu disse exceção. É minha regra.

*

o trovão se cala
o raio alumia

*

manacá
dá que dá

*

sapo não pula por boniteza
mas porém
por precisão...

aguaceiro

A chuva peneira
a chuva demora
a chuva semeia
a chuva namora
a chuva é bailado
a chuva é sonora
A chuva peneira
a chuva namora
a chuva é menina
a chuva é senhora
a chuva rareia
a chuva definha
a chuva é mansinha
a chuva é quentinha
a chuva é chuvosa
a chuva é chuvinha...

grilos e cigarras
(Autoria: Dr. Kaneta)

Aqui, os negrumes
são alaridos...
bruxulentos...
espasmos desgarrados,
e tem um que grita como
se fosse gente...
Aqui os anoiteceres são diurnos, pouco temporários, sujeitos a nuvens e trovoadas... Aqui o anoitecer é um presságio de grilos, cigarras, insetos cantantes, sons vegetais, sons da tarde, e tarde é noite, é quase noite. Insetos cantantes. Pássaros répteis.

palavras... palavras...
Tem havido muitas luas
muitas luas cheias
muitas noites
daquelas bem escuras
Muitos dias lindos
daqueles bem claros
de modos que vou ficando
por aqui, não sem antes
celebrar... Celebrar o quê
meu Deus! Celebrar o quê?!...
A natureza é tão pura
a gente planta uma semente
e ela vira árvore. Até os
grilos parece que foram
feitos por Deus. Tudo canta.
Tem havido muitas luas
muitas luas cheias

a nigrinha do borralho

Era uma vez
uma nigrinha
  que vivia
  no borralho

Era craque
na cozinha
  era bamba
  no baralho

Era sal e
cebolinha
  pimentão azeite
  e alho

Coitadinha...
pobrezinha...
  se matando
  no trabalho...

lua lua lua

O céu é lua
O mundo é lua
Tudo é lua

E a lua é só

*

Tem certos casais
em que marido e mulher
vão ficando cada vez mais
parecidos um com o outro
pela força do
              convívio...

Dormem na mesma hora
Acordam na mesma hora
Comem na mesma hora
Fazem dieta na mesma hora
Se ocupam na mesma hora
Enchem linguiça na mesma hora
(ou seja: não se entendem)
Ficam em silêncio na mesma hora
Marcam hora na mesma hora
e... chegam atrasados na mesma hora

Até que um dia
              quando
menos
   se
      espera...
Se separam na mesma hora!

luar

a lua está vestida de
véu
de noiva
está pálida
está viúva

supérfluo

Quem tem espelho
não precisa
de
balança

filharada

Meu filho tem mãe
eu também tenho
mas a mãe dele
não é a minha!...
Porque a minha
é avó dele!
Porque a dele
já foi minha!
Meu filho tem mãe
eu também tenho
e mãe por mãe
sou mais a minha!
Pois a mãe dele
é tão baixinha!
E mãe por mãe
sou mais a minha!
Minha filha tem mãe!
Que mãe danada!
É mãe da minha filha
é filharada...
Oi! minha gente!...
É filharada!...
Oi! oi! é filharada!...
Mulher em casa
quando é mais de uma
causa pobrema
e é por ciúme!
Quando ela anda
mostra um bundão...
Mas eu sou baiano
toco violão!...

Toco violão
e por que não viola?
Sou de banda curta
sou de banda xola!...

Por exemplo:
e tucá lá
que toco cá
no miudinho sou pouquinho quem
acha que sou facinho
vem dançar o miudinho
Sou assado sou assim
ou acabo nesta hora ou senão
não sou assim! Não sou assim!
Não sou assim! Não sou assim! Não sou assim! Me respeite!
Me respeite! Me respeite, ai de mim! Afinal não sou assim!
Não sou assim, não sou assim!... assim!... assim!

*

Dia 20 do corrente
do findo mês de Maria
vi meu pai cerrar os dentes
e vi que ele me via
finalmente frente a frente
no pino do meio-dia
Morreu de aterosclerose
e broncopneumonia
e mais aquela doença
que o nome não se anuncia
Uma perna estava fina
outra estava mais pra seca
a barriga muito inchada
as unhas dos pés já pretas

Tinha a boca de cratera
e olhar de penitente
um peito feito tapera
rangendo fora de hora
mas antes de ir embora
há muito que andava ausente
futuro já é de agora
cunhado não é parente
sou ligeiro na demora
vagaroso no repente.

é ...dose...

o gato

escaldado...

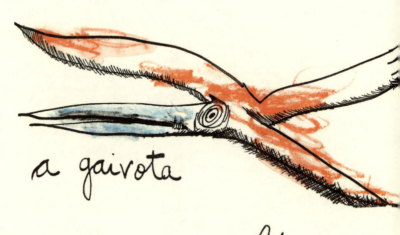

a gaivota

vai e volta...

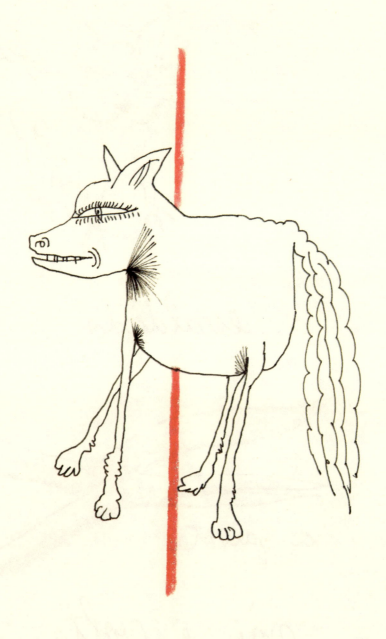

Lá no aeroporto de Uberaba tinha uma môça, muito minha conhecida, não sei se a pseudo-feia, ou a pseudo-bonita, em todo caso gostosa, séxi, com nariz séxi, ombros séxi, jeitão séxi, que era assim:
(de memória...)

T.F.M. = tradicional família. Leia-se, tradicional família mineira. A outra môça, mais autêntica, é assim: (memória...) =

E tem também o E.T. de Uberaba, um cabeçudo-mor, que certamente deve ter boas idéias. É mais ou menos assim =

máquina do tempo

E com relação àquele problema do futuro,
acho que vou ficando por aqui

*

Seu dotô, para eu cantar
não faço triste figura
na hora de improvisar
tenho rima com fartura,
Meu pensamento é um veio
parece um rio cheio
correndo em toda largura.

*

O tigre de Bengala falou que o cavalo de Troia ouviu do leão da Metro que a seriema de Mato Grosso disse que a águia de Haia fechou-se em copas com o periquito australiano. De meu lado, não confirmo nem desminto.

compostura

Até o perdão,
pra mim,
é provisório.

*

Luzinha que afaga
Luzinha que prende
Canção que me indaga
Paixão que me vende
Quinhão que me traga
Tostão que me rende
Vulcão que me apaga
Prisão que me acende
Quinhão que me paga
Tostão que me vende
Canção que me afaga
Paixão que me rende
Vulcão que me traga
Prisão que me prende
Luzinha que apaga
Luzinha que acende

céu e mar

Ave ave avião
Nave nave navião

diagnóstico

Sentimento faz mal pra saúde

laboratório

Tudo em sociedade é desempenho

panela quente

Na panela ainda quente
enterrai o meu tesouro
quando vou pra minha casa
eu não levo desaforo
A palavra vale prata
o silêncio vale ouro
tenente perde a patente
se não der que dar no couro

aquarela

Nos seus olhos vejo medo
vejo um caso singular
o avesso do segredo
a distância do lugar

Vejo água de moinho
vejo luz de anoitecer
o silêncio do carinho
é sinal de bem-querer

litoral

pituba é cutuba
arembepe é estrepe
paciência é paciência
ondina é sina
barra é farra
itapoã é vã

contabilidade

o amor é um troco

numa nice

Até na hora de chorar
eu gosto de rir...

tese, antítese, síntese

amor é velocidade e ritmo

tempo

o casamento é um namoro que dura

chuva

Minha mãe ficou viúva
minha vó ficou solteira
sabiá cantou na chuva
lá no pé de laranjeira
a formiga da saúva
tá comendo a trepadeira
eu não abro guarda-chuva
quando a chuva é criadeira
sabiá cantou na praia
respondeu na cachoeira

ares vazios

Não bate asa nos ares
não sopra nem viração
não há ninguém nos lugares
estão vazios os mares
é tudo desolação
é meia-noite no dia
é meio-dia no vão

Toda noite é sexta-feira
sexta-feira da paixão
toda noite é passageira
passageira da canção
Toda vez é a primeira

teia

teia de aranha
com formiga
e sem aviso
é uma teia de intriga

Salvo melhor juízo

morte

Ando com saudade das coisas.
Olho para as coisas e sofro
ah como são efêmeras
ah como são de sempre
Vejo o som; escuto o fato
ainda ontem renasci

acho que vou morrer

As grandes intuições são
desencantos humanos

A felicidade custa uma dor

samba-canção em prelúdio

Partindo morro de pena
é longa a minha novena
a minha noite é escura
minha tristeza não passa
minha alegria não dura
Ficando fico sem jeito
a solidão me procura
meu coração é perfeito
a minha dor não tem cura
Ficando fico sem jeito
Ficando fico distante
perco a razão do instante
perco a beleza do dia
minha esperança não passa
é triste minha alegria
Partindo morro de pena
a solidão me sacia
minha paixão é serena
é força de calmaria
Partindo morro de pena

violinha

1
Virgulino é destemido
cangaceiro do sertão
deixa moça sem marido
deixa raio sem trovão
Capitão perde o sentido
Coroné perde o galão

2
Lampião pisou na terra
se embrenhou na catingueira
cochilou num pé de serra
clareou na caminheira
guerreou a sua guerra
festejou a sua feira

antonio

Contam que Antonio casou-se
dizem que Antonio vagava
contam que Antonio mudou-se
dizem que Antonio morava...

Besta madrasta
filho sem pai
boca de forno
alma do mato
diga quem é...

Sumiu em Aracati
e no Crato apareceu
depois no Crato sumiu
e em Salgueiro apareceu
Sumiu-se de toda gente
não se sabe o paradeiro
esse Antonio é penitente
esse Antonio é conselheiro

> "Sei não
> eu sei
> sei não
> eu sei..."

Contam que Antonio findou-se
dizem que Antonio ficava
contam que Antonio deixou-se
dizem que Antonio mudava...

sete espadas

Tem sete espadas no ar
tem sete palmos no chão
Bendito
louvado seja
louvado o que relampeja
bendito o que diz que não
penitentes adoidados
santo salve salvação

Tem sete espadas no ar
tem sete palmos no chão
tem sete flechas no mar
sete estrondos no trovão
penitentes adoidados
santo salve salvação...

cantador de canudos

o burro disse ao cavalo
cavalo disse ao jumento
jumento cantou pro galo
e o galo pro cata-vento
o cata-vento no ato
deu a notícia pro vento
o vento soprou o fato
o fato deu argumento
o argumento deu fogo
o fogo passou pra tocha
a tocha passou o fogo
na boca do Glauber Rocha
o Glauber disse ao tuim
o tuim disse ao passante
o passante disse a mim
eu agora passo adiante
pra não virar surubim
pra não virar elefante...

mercado persa
(a cena se passa na cidade de Nova York,
no interior do Piauí, bem longe de Teresina)

Fui numa feira
que me deu até canseira
eu comprei tanta coiseira
que não pude carregá
Comprei o útil
o urgente e o necessário
gastei mais que meu salário
e ainda mais quis comprá
Comprei fiado
à prestação comprei à vista
sem aval com avalista
meu negócio era comprá
Comprei barato
comprei caro e no preço
na oferta e no apreço
na procura e no azar
Comprei na alta
no milagre e no recesso
comprei tudo do progresso
não faltava o que comprá
Comprei na safra
no varejo e no atacado
deixei tudo arrematado
e voltei pra completá...
Comprei na moita
na pechincha e na maloca
foi um tal de troca-troca
dei o troco dei em troca
fiz negócio sem pará

Comprei nas bocas
na conversa e na amizade
dividi pela metade
e mandei dipindurá...

planos

Nosso tudo
tá
por pouco...

história contemporânea

o futuro não tem
futuro

pré-história

Dinossauro é dose pra
elefante

fluxo

o presente
já era...

liberalismo

Médico é
o advogado da saúde
advogado
é o médico da lei
juram pela
estética pela ética
mas a clientela é
cética

redação

A prosa é discurso
A poesia é bloco

i-juca-piranha

Guerreiros ouvi:
a vida é combate
que a todos abate
meu canto de morte
guerreiros ouvi:
a vida é rebate
que a todos abate
meu canto de guerra
por fado inconstante
guerreiro nasci
a vida combate
guerreiros ouvi...

versos

Só faz ornato
quem é esteta
Só é poeta
quem faz soneto

Só faz poema
quem tenha tema
só faz dueto
quem soma exato

Só é bonito
quando é poema.

dedicatória

Louvo a noite, louvo o filho
louvo o padre, louvo o dia
louvo cada palavra nova
que me dá a luz do dia...
Mas voltando à vaca fria
eu ia louvar o quê?
Eu queria era dar prova
da minha melancolia...

Lua velha, lua nova
poeta que não faz trova
não prova sua valia...

"Cacaso casou com a Rosa
em cima de uma sacada...
Cacaso ficou tão prosa
e a Rosa despetalada..."

"Cacaso ficou doente
a Rosa foi visitar
Cacaso tão simplesmente
queria só se queixar..."

Louvo a tarde, louvo a filha
louvo qualquer parentesco
louvo o neto da madrinha
a bisavó da sobrinha
louvo qualquer parentesco...

Louvo a irmã do irmão
louvo a mãe que está na filha

louvo o irmão solteirão
e a saúde da família...

Louvo a própria louvação
e louvo até um botão
de rosa que é Rosa Emília...
Mas agora, minha gente,
não louvo mais nada não...

De tanto louvar a esmo
quero louvar a mim mesmo
pelo resto de meus dias...
Louvar o amor dessa Rosa
Emília Machado Dias...

combate

estou do lado do
mais forte

negrume

Teus belos olhos profundos
negrume
perfume da noite

Teus olhos pequenos
tristeza profunda
perfume
negrume da noite

Teus olhos brilhantes
negrume
perfume da noite...

demônio dos cabelos

O demônio dos cabelos
fez seu pente de espinhos
quem se vir no seu espelho
perde o rumo do caminho
perde o belo da beleza
perde o certo da certeza
vai ficar sempre sozinho...

Fazer da vida um
caminho duro
fazer do tempo um
resumo puro...

momento

Na cova do assassinado
tira o chapéu e passa
na forca do enforcado
tira o chapéu e passa
na gola do degolado
tira o chapéu e passa
no fato já consumado
tira o chapéu e passa

Na espada que me trespassa
tira o chapéu e passa
na graça que me desgraça
tira o chapéu e passa

Tira o chapéu e passa...
tira o chapéu e passa...

canção de joana imaginária

Você pode me seguir
        posso não

Você pode me dizer
        posso não...

Você pode me sentir
        posso não...

Você pode me perder
        posso não...

Se você puder fazer
        posso não...

Se você quiser querer
        posso não

O que eu posso
é dar jeito na madeira
é tirar um padre-nosso
da costela da aroeira
mas seguir a procissão
        posso não...
        posso não...

Todo filho tem um pai
todo irmão tem outro irmão
muita gente chora em ai
outra gente chora em ão
todo pau fulora e cai
só o pau-pereira não...

Pra onde me levam?
Que destino me dão?
Quanto sangue derramado
pelo chão...

Joana imaginária
        faz imagens
        vê visagens
        tem visões

Joana tem delírio
        tem malária
        tem martírio
        é solidária
        é relicária
Joana trabalha com as mãos...

Joana imaginária
        é operária
        é planetária
        é temerária
        é solitária
Joana trabalha com as mãos

Quando ela almoça não janta
seu sangue é forte na veia.
Se essa mulher é santa
minha mãe é santa e meia...

nono mês

Será um? Será
dois? Será três?
Pode ser! O certo é:
nono mês é nono mês!

Será preto? Branco?
Sueco? Japonês?
Será deputado? Feminista?
Será marquesa? Marquês?...

Pode ser!... Pode ser!... Será
jogadora de vôlei? A
Isabel do xadrez?

Será irmã vitelina?
Natimorta? Siamês?
Nono mês é nono mês!

*

Todo grande talento supõe
muita ignorância de algumas coisas

*

Fui fundo no prejuízo
e fiquei no lucro

cassaboca

O que eu mais sinto é falta de sintaxe!
É falta de compostura léxica!
Sinto assim: falta Nietzsche em mim!...

algumas letras [1965-87]

org. rosa emília dias

nota do editor
A incursão de Cacaso nas letras de música teve início dois anos antes do lançamento de *A palavra cerzida*, seu livro de estreia. "Carro de boi", escrita em 1965 para uma canção de Maurício Tapajós, logo ganhou gravação do conjunto Os Cariocas. A extensa produção do poeta resultaria em cerca de 280 canções, a maioria delas em parceria, com Nelson Angelo, Francis Hime, Novelli, Edu Lobo, Claudio Nucci, Mauricio Tapajós, Sueli Costa, Rosa Emília Dias, Lourenço Baeta, João Donato, Zé Renato, Danilo Caymmi, Eduardo Gudin, Toquinho, Joyce, Filó Machado, Tom Jobim e Toninho Horta, entre outros. Esta seção, organizada por Rosa Emília Dias, apresenta sessenta exemplos dessa multiplicidade. Em "Bibliografia", na página 440, há uma lista dos principais discos com gravações de letras do Cacaso.

a fonte
com Nelson Angelo

Fonte da saudade
toda essa água tão limpinha
toda canção vem de você
coisa sem porquê e sem destino
não avisa quando vem
quando vai

Passou a vida inteira
a fonte não secou
pra que lugar me diga
foi o meu amor ah!
passou a noite inteira
e essa noite serenou
o meu bem dormiu comigo
e a gente acordou

Fonte da saudade
toda essa água tão limpinha
toda canção que ninguém fez
coisa sem porquê e sem destino
não avisa quando vem
quando vai
deságua

agradecer
com Sueli Costa

Agradecer a Deus
pelo tempo que ele me deu para viver
o passeio que ele me deu pra passar
agradecer
a quem me fez cantar

Amar sem lamentar
os nossos bons momentos
agradecer a nós
a sós
e o caminho de novo da gente encontrar

álbum de retratos
com Sueli Costa

Lá vou eu perseguir os seus passos
lá vou eu
insistir em meus fracassos
lá vou eu
machucado e iludido
ser de novo envolvido
pela mesma ilusão

Vou ficar sob a sua janela
vou fazer serenata
depois vai ser o mesmo desamparo
sei que vai custar bem caro
o fim já sei de cor

Num velho álbum eu guardei
seu retrato a sorrir
mas o tempo descorou
ah quantas cartas já nem sei
quantos versos inventei
mas você não me ouvia

Lá vou eu
outra vez me enganar
como quem principia
tentando não lembrar antigos fatos
fecho o álbum de retratos
e vou te procurar

amor, amor
com Sueli Costa

Quando o mar
quando o mar tem mais segredo
não é quando ele se agita
nem é quando é tempestade
nem é quando é ventania
quando o mar tem mais segredo
é quando é calmaria

Quando o amor
quando o amor tem mais perigo
não é quando ele se arrisca
nem é quando ele se ausenta
nem quando eu me desespero
quando o amor tem mais perigo
é quando ele é sincero

angu de caroço
com Edu Lobo

No frevo dança dancei
entrei até o pescoço
estava muito mais moço
e quase me atrapalhei
e cada passo que eu dei
cada fogueira pulei
e nunca mais que larguei
aquele angu de caroço

Quando cheguei por aqui
troquei a hora do trem
perdi a vez do almoço
e nesse pique porém
eu já não era ninguém
no meio desse alvoroço
e nunca mais que saí
do fundo daquele poço

árvore mágica
com Rosa Emília Dias

Eu plantei um pé de vento
no terreiro do meu bem
ah plantando tudo dá
ah plantando sempre tem

Dá gabiroba
bem-te-vi banana frita
cada fruta esquisita
cada flor de se cheirar
dá maniçoba
mão-de-gato pé de avenca
melancia dá em penca
toda sorte de cajá
e dá taioba
maritaca faladeira
quantidade de roseira
ananás e araçá
dá graviola
mamão-fêmea mamão-macho
muita coisa dá em cacho
muita coisa em botão
dá carambola
tempo-quente e trepadeira
cajá-manga na jaqueira
toda hora dá limão
dá manga-espada
manga-rosa e da comum
tangerina e jerimum
tudo fora da estação
dama da noite

girassol folha de alface
batatinha quando nasce
esparrama pelo chão
dá fruta-pão
dá fruta verde e madura
uma porção de verdura
um bem-me-quer de raiz
dá passarinho
daquele pequenininho
que nasce dentro do ninho
e voa pra ser feliz

Eu plantei um pé de vento
no terreiro do meu bem
ah plantando tudo dá
ah plantando sempre tem

aurora de paz
com Elton Medeiros

Olha pra frente
e sente essa aurora
que vai nascer
segue adiante
pois em cada instante
você vai ver
que o amor que a gente perde
nasceu para se perder
e se o amor da gente morre
a gente não vai morrer
se não ficou era ilusão
não seja assim tão infeliz
que ainda existe um coração
que vai abrigar outro amor
diferente da ilusão
enfrente a vida sorrindo
nossa manhã já vem vindo
repare que dia lindo
pra lhe consolar
prepare o seu coração
que essa aurora é de paz
e quem já sofreu uma vez
desta vez não sofre mais
pra nunca mais

ave
com Nelson Angelo

Sei
muitas vezes sou aéreo
mas levo muito a sério
as razões do coração
sei
que é difícil ser sincero
às vezes eu te quero
às vezes não sei não
ando
tão pobre de carinho
revendo os caminhos
passando a solidão
passa
nem tudo dá no mesmo
ainda agora mesmo
não sei se pode ser

Sei
você é tão suave
é a sombra de uma ave
deslizando pelo chão
sei
não sei se já é tarde
a flor da sua idade
é tanta sedução
sabe
até andei pensando
quem sabe até quando
quem sabe até por quê
olha

não deixe eu ser covarde
eu sei dessa verdade
eu gosto de você
eu sei

beira rio
com Joyce

Teu corpo nesse rio é um romance
um relance
uma presa sem alcance
quem não viu não imagina
como a beleza é sem chance
como a paixão é sem sina

Teu corpo nesse rio é um rompante
é vazante
rio macho rio andante
quem não viu não avalia
como a verdade é farsante
e a lucidez é sombria

Teu corpo nesse rio é um remanso
um balanço
um descaso sem descanso
quem não viu não imagina
como contém o avanço
na intenção de rapina

Teu corpo nesse rio é uma corrente
é serpente
afluente do afluente
quem não viu não avalia
como a certeza é descrente
e a natureza vadia

branca dias
com Edu Lobo

Esse soluço que ouço, que ouço
será o vento passando, passando
pela garganta da noite, da noite
a sua lâmina fria, tão fria

Será o vento cortando, cortando
com sua foice macia, macia
será um poço profundo, profundo
alvoroço, agonia

Será a fúria do vento querendo
levar teu corpo de moça tão puro
pelo caminho mais longo e escuro
pela viagem mais fria e sombria

Esse seu corpo de moça tão branco
que no clarão do luar se despia
será o vento noturno clamando
alvoroço, agonia

carro de boi
com Maurício Tapajós

Que vontade eu tenho de sair
num carro de boi ir por aí
estrada de terra que só me leva
só me leva
nunca mais me traz
que vontade de não mais voltar
quanta coisa que vou conhecer
pés no chão
e os olhos vão procurar
onde foi que eu me perdi
num carro de boi ir por aí
ir numa viagem que só traz
barro pedra pó e nunca mais

casa de morar
com Claudio Nucci

Me dá licença de cantar
também de agradecer
coragem pra querer
um verso pra louvar

Louvar a gente do lugar
louvar quem vai nascer
quem vai permanecer
também quem vai passar

E louva Deus que vou louvar
o dia matinal
a fruta no pomar
a roupa no varal

Louvar a chuva de criar
a água de beber
o tempo de viver
a casa de morar

Bem-vinda minha senhora
bendita Nossa Senhora

cinema antigo
com Sueli Costa

Se eu pudesse escolher o seu desejo
eu queria renascer no seu amor
todo dia pra você
todo dia só pra mim
nosso dia vai durar eternamente

Quero apenas a promessa do seu beijo
quero apenas um vintém do seu amor
e sonhar os sonhos seus
dar adeus a todo adeus
sem fantasia
só um tempo
só um dia

clarão
com Olivia Byington

O rochedo tem dureza
o corisco tem clarão
é do mar a profundeza
a escureza é do carvão

Toda vez que te procuro
e você me diz que não
a tristeza põe a mesa
na palma da minha mão

Onde nasce uma paixão
passa um rio de ilusão
passa de brincadeira
deixa de brincadeira
entra na brincadeira
a vida não vai passar
em vão

Natureza tem beleza
o azedo é do limão
é do rio a correnteza
a leveza é do balão

Toda vez que te perjuro
e você me dá razão
passa um rio de incerteza
dentro do meu coração

deixa o barraco rolar
com Nelson Angelo e Rosa Emília Dias

Eu nunca quis marido pra casar
marido que tem filho pra cuidar
marido que tem roupa pra lavar
marido que tem fome pra matar
marido que tem cama pra arrumar
marido que tem hora pra chegar
marido que tem tudo
tudo pra agradar
marido que tem ex pra sustentar
deixa o barraco rolar

Eu nunca quis esposa pra casar
esposa que tem mãe pra chatear
esposa que não sabe cozinhar
esposa que tem nome pra zelar
esposa que só pensa em namorar
esposa que tem bronca pra me dar
esposa que tem tudo
tudo pra agradar
esposa que tem ex pra consolar
deixa o barraco rolar

dentro de mim mora um anjo
com Sueli Costa

Quem me vê assim cantando
não sabe nada de mim
dentro de mim mora um anjo
que tem a boca pintada
que tem as unhas pintadas
que tem as asas pintadas
que passa horas a fio
no espelho do toucador
dentro de mim mora um anjo
que me sufoca de amor

Dentro de mim mora um anjo
montado sobre um cavalo
que ele sangra de espora
ele é meu lado de dentro
eu sou seu lado de fora
quem me vê assim cantando
não sabe nada de mim

Dentro de mim mora um anjo
que arrasta suas medalhas
e que batuca pandeiro
que me prendeu em seus laços
mas que é meu prisioneiro
acho que é colombina
acho que é bailarina
acho que é brasileiro

dinheiro em penca
com Tom Jobim

O mati é passo-preto
ele é muito tapereiro
ele canta por amor
eu só canto por dinheiro
no seu canto tem valor
no meu canto tem vintém
ele geme a sua dor
eu não choro por ninguém

Ninguém sabe ir pelo Catumbi
ninguém sabe ninguém sabe

Eu casei com ela
fiz um filho nela
bati muito nela
fui feliz com ela
se o santo cai do andor
e o barro cobre o ladrilho
quem roubou o meu amor
e me escondeu do meu filho

Renda de filó
carretel de linha
jorro de cascata
canja de galinha
sino de Belém
mofo de farinha
vou cantar agora
uma prenda minha

O mati ao meio-dia
tá piando no soleiro
ele canta no estio
e eu debaixo do chuveiro
ele mora no sertão
e eu no Rio de Janeiro

Ninguém sabe ir por Andaraí
ninguém sabe ninguém sabe

Se o peito guarda rancor
o raio pisca o seu brilho
do porto sai o vapor
da vaca sai o novilho
tem gente que faz favor
pamonha é feita de milho
quem roubou o meu amor
e me escondeu do meu filho

Fé de bisavó
praga de madrinha
laço de gravata
bando de rolinha
sorte de refém
jura de modinha
vou cantar agora
uma prenda minha

Eu fui lá na grota funda
avistar meu feiticeiro
fiquei bom do reumatismo
e ganhei muito dinheiro
melhorei do meu cansaço
e ganhei muito dinheiro

Ninguém sabe ir pelo Buriti
ninguém sabe ninguém sabe

Se o cheiro muda de cor
o dedo puxa o gatilho
a lucidez sai da dor
o trem de ferro do trilho
se o vento liga o motor
e a morte presta um auxílio
quem roubou o meu amor
e me escondeu do meu filho

Rede de cipó
lata de sardinha
porta de alçapão
ceva de tainha
bolha de sabão
sopa de letrinha
bucha de balão
papo de cozinha

Meu padrinho quando moço
era muito fazendeiro
tirou ouro do sertão
foi gastar no estrangeiro
o dinheiro da boiada
transferiu pro estrangeiro

Ninguém sabe ir pelo Piauí
ninguém sabe ninguém sabe

O avião salta do chão
o padre sai do retiro
o acaso faz o ladrão

da espingarda parte o tiro
do verso nasce a canção
do sertão meu estribilho
quem roubou o meu amor
e me escondeu do meu filho

Medo de ladrão
noite de arrepio
boca de fogão
casco de navio
pipa de papel
bem-te-vi no cio
corda de relógio
bomba de pavio

Tive léguas e mais léguas
muito gado cafezais
sesmarias mata virgem
onde a vista já não vai
extensão de terra roxa
ia até o Paraguai
tive até um burro preto
que vovô deu pro papai

Eu também já tive um tio
que virou velho gaiteiro
que gostava de mulher
como eu gosto de dinheiro
era louco por mulher
eu me amarro no dinheiro

Fui mascate no sertão
caminhei o Norte inteiro
vendi grampo a prestação

guarda-chuva em fevereiro
até hoje estou esperando
a remessa do dinheiro

O mati é passo-preto
de janeiro até janeiro
ele casa no verão
eu namoro o ano inteiro
o mati já tem bisneto
eu ainda tô solteiro
ele voa em liberdade
inda tô no cativeiro
e voou pra imensidão
e eu ainda prisioneiro

Canta curió
canta coleirinho
sabiá da mata
garnizé de ninho
terra de ninguém
viração marinha
vou cantar agora
uma prenda minha

Uma vez em Nova York
liguei pro meu feiticeiro
que atendeu o telefone
lá no Rio de Janeiro
eu então falei pra ele
procurar meu macumbeiro
pra avisar pro pai de santo
pra arranjar algum dinheiro
pra pedir pro delegado
pra soltar meu curandeiro

ao doutor seu delegado
pra soltar meu curandeiro
mas no tal telefonema
lá se foi o meu dinheiro

Sunga de lagarto
dente de galinha
sovaco de cobra
pena de tainha
asa de tatu
jura de Maria
gritos de menino
rabo de cotia

dinhêru
com Nelson Angelo

No tempo qui eu era soltêro
sonhava em mi casá
meu pai me falô primêro
dinhêru cê vai ganhá
ganhá o tempo primêro
não custa nada esperá
não custa ficá soltêro
primeiro vai trabaiá

O tempo custa dinhêru
dinhêru custa ganhá

Amor é um bem traiçoeiro
é tempo jogado ao léu
o tempo custa dinhêru
dinhêru num cai do céu
a terra não dá de tudo
nem tudo plantando dá
quem ganha o tempu primêro
é dono do seu lugá

O tempo custa dinhêru
dinhêru custa ganhá

dito e feito
com Nelson Angelo

Você não deve nada
foi de graça
tudo que eu falei
tudo que lhe dei
nessa vida tudo passa
foi de papel passado
foi tudo dito e feito
não era amor perfeito
não era quase nada

Primeiro foi de brincadeira
segundo foi ficando sério
terceiro era uma quarta-feira
lá se foi todo o mistério

Mas quem sabe minha sorte
vai mudar de novo novamente
filho pra criar conta pra pagar
só despesa o ano inteiro
não há amor que aguente
eu gosto tanto dela
meu coração é dela
a decisão da gente

dona doninha
com Sueli Costa

Meu avô chamava Juca
minha avó dona Doninha
ele dava pra sinuca
ela dava pra santinha
minha avó ficou caduca
meu avô saiu da linha
meu avô fundiu a cuca
minha avó ficou sozinha

O meu pai era solteiro
minha mãe era viúva
ele não tomava jeito
ela não tomava chuva
o meu pai era do peito
minha mãe a sua filha
ele era um bom sujeito
ela moça de família

O meu pai era cunhado
minha mãe era sobrinha
o meu pai era afilhado
minha mãe era madrinha
meu avô morava ao lado
minha avó era vizinha
meu avô partiu primeiro
minha avó ficou sozinha

A praia de Itamambuca
é menor que uma praiona
é maior que uma prainha

dono do lugar
com Edu Lobo

Se essa rua que atravessa a minha vida
fosse minha eu queria então cantar
pra afastar a solidão da minha vida
e a tristeza ir bater noutro lugar

Se essa rua que me deixa de partida
fosse minha eu mandava te buscar
pra acalmar uma paixão da minha vida
e a tristeza ir bater noutro lugar

Se essa rua que caminha sem saída
fosse minha como dono do lugar
não falava do amor nessa modinha
pra tristeza ir bater noutro lugar

eu te amo
com Sueli Costa

Seu amor me furta
seu horror me encanta
minha vida é curta
minha fome é tanta

Minha carne é fraca
minha paz é louca
minha dor é farta
minha parte é pouca

Minha cova é rasa
meu lamento é mudo
seu amor me arrasa
sua ausência é tudo

Minha sorte é cega
sua luz me esconde
minha morte é certa
meu lugar é onde

Seu carinho é pena
seu amor é mando
minha falta é plena
minha vez é quando

face a face
com Sueli Costa

São as trapaças da sorte
são as graças da paixão
pra se combinar comigo
tem que ter opinião

São as desgraças da sorte
são as traças da paixão
quem quiser casar comigo
tem que ter bom coração

Morena quando repenso
no nosso sonho fagueiro
o céu estava tão denso
inverno tão passageiro
uma certeza me nasce
e abole todo o meu zelo
quando me vi face a face
fitava o meu pesadelo
estava cego o apelo
estava solto o impasse
sofrendo nosso desvelo
perdendo no desenlace
no rolo feito um novelo
até o fim do degelo
até que a morte me abrace

São as desgraças da sorte
são as traças da paixão
quem quiser casar comigo
tem que ter bom coração

São as trapaças da sorte
são as graças da paixão
pra se combinar comigo
tem que ter opinião

Morena quando relembro
aquele céu escarlate
mal começava dezembro
já ia longe o combate
uma lambada me bole
uma certeza me abate
a dor querendo que eu morra
o amor querendo que eu mate
estava solta a cachorra
que mete o dente e não late
no meio daquela zorra
perdendo no desempate
girando feito piorra
até que a mágoa escorra
até que a raiva desate

falando sério
com Sueli Costa

Ame
mas não leve a sério
pense mais de uma vez
quando quiser
entregar o seu coração

Dance
que não tem mistério
deixe o corpo se entregar
deixe a paixão se apossar
do seu coração

Depois a morte chega
então de que valeu viver
vale a paixão dessa vida
mas não leve a sério
pense mais de uma vez
quando quiser
entregar o seu coração

feito mistério
com Lourenço Baeta

Então senti que o resumo
é de cada um
que todo rumo deságua
em lugar comum

Então eu monto no cavalo
que me leva a Teerã
e não me perco jamais
quando desespero vejo
muito mais

Essa canção me rói
feito mistério
essa tristeza dói
meu fingimento é sério
como aéreo é sempre todo amor

o fio da meada
com Francis Hime

Achei o fio
da paixão e da meada
era noite enluarada
era um fio de canção

Puxei o canto
e achei a coisa boa
vadiar viver à toa
na flauta e no violão

Leva meu samba
abre alas vai na frente
põe o tempo no presente
tamborim na marcação

Achei o fio
do cordão da esperança
só depois que entrei na dança
leva meu samba

Leva meu sonho
de viver na brincadeira
de brincar a vida inteira numa
numa grande confusão

Fazer de conta
e viver de mentirinha
como rei como rainha
no reino da imaginação

Leva meu samba
abre alas vai na frente
põe o tempo no presente
tamborim na marcação

Achei o fio
do cordão da alegria
quando entrei na fantasia
leva meu samba

flauta de lata
com Sueli Costa

Minha viola tá cansada
de tocar seresta
a lua foi embora
a festa se acabou
esta serenata
sem lua de prata
não dá
por isso hoje eu não sou mais cantor

Então eu faço o meu chorinho
na flauta de lata
que cuida que trata
de me agradar
o que me consola sem ser a viola
pra mim
é a batida desse bandolim

Morena seja mais sensata
você me maltrata
e sofre mais que eu
sonhando com o seu carinho
fiz esse chorinho pra você

Meu coração já não resiste
tanta indiferença
agradeço a atenção que você me deu
queira desculpar minha boa vontade
também todo o tempo que você perdeu

Vou me retirando
levando essa mágoa de amor
mas continuo sempre a seu dispor

gente séria
com Joyce

No meu país tem
gravata e terno
fogão e forno
tem banho morno
tem fogo eterno
tem dor de corno
que te enfeitiça
que dá preguiça
que não dá missa
mas dá polícia

Vê se não marca
se não enguiça
e agora chega
de encher linguiça
e ainda em tempo
mande notícia
que a falta dela
me põe malícia

No meu país tem
copa e cozinha
tem Mariquinha
tem cama e mesa
xuxu beleza
tem seu Geraldo
da dona Isaura
tem dona Irene
do seu Romário

tem Romualdo
que era vigário

No meu país
tem céu estrelado
papo furado
tem descalabro
tem deputado
tem desagravo
canela e cravo
já teve escravo
anjo de louça
santo de barro
tem gente séria
tirando sarro

lambada de serpente
com Djavan

Cuidar do pé de milho
que demora na semente
meu pai disse meu filho
noite fria tempo quente

Lambada de serpente
a traição me enfeitiçou
quem tem amor ausente
já viveu a minha dor

Do chão da minha terra
um lamento de corrente
um grão de pé de guerra
pra colher dente por dente

lero-lero
com Edu Lobo

Sou brasileiro
de estatura mediana
gosto muito de fulana
mas sicrana é quem me quer
porque no amor
quem perde quase sempre ganha
veja só que coisa estranha
saia dessa se puder

Não guardo mágoa
não blasfemo não pondero
não tolero lero-lero
devo nada pra ninguém
sou descansado
minha vida eu levo a muque
do batente pro batuque
faço como me convém

Eu sou poeta
e não nego a minha raça
faço versos por pirraça
e também por precisão
de pé quebrado
verso branco rima rica
negaceio dou a dica
tenho a minha solução

Sou brasileiro
tatu-peba taturana
bom de bola ruim de grana

tabuada sei de cor
4 × 7
28 noves fora
ou a onça me devora
ou no fim vou rir melhor

Não entro em rifa
não adoço não tempero
não remarco o marco zero
se falei não volto atrás
por onde passo
deixo rastro deito fama
desarrumo toda a trama
desacato o Satanás

Diz um ditado
natural da minha terra
bom cabrito é o que mais berra
onde canta o sabiá
desacredito
no azar da minha sina
tico-tico de rapina
ninguém leva o meu fubá

liberdade
com João Bosco

Em todo sonho
é sempre um céu azul
em todo sonho
é sempre um mar sem fim
só mesmo um louco
pra sonhar assim
sonha viver em liberdade

Meu canto é livre
e a paixão sem fim
o meu lugar
é não mudar daqui
sei que meu sonho
vai viver por mim
mesmo que tarde ó liberdade

Luz da Matriz
sino a tocar
luz das Mercês
luz do Pilar
gente a passar
muitas cabeças

língua de trapo
com Francis Hime

Por causa daquela benvinda
de uma lembrança infinda
e que me esqueceu na berlinda
por onde será que ela anda
girando naquela ciranda
que era um rodamoinho
quase que caio de banda
quase escorrego do ninho
onde ela anda

Por causa daquela má-dona
a filha de uma da zona
que me deixava na lona
jogado fora de mim
e não me dava lugar
e não vivia sem mim
e só vivia no ar

Por causa daquela enjoada
fingia um ar de cansada
não via graça em nada
sempre fazendo jejum
não me deixava crescer
e não sobrava nenhum
e nem queria saber

Por causa daquela fulana
a filha de uma mãe Joana
com ginga de falsa baiana
e que balançou minha vida

Por causa daquela enxerida
que nem defeito não tinha
tudo na falta de jeito
tudo na falta de linha
tudo na falta de
tudo na falta de lida
tudo na língua comprida

lua de vintém
com Zé Renato

Não me lembro muito bem
minha estrela não me guia
de onde vem tanta alegria
tanta vida de onde vem

A lua nasce de dia
redonda como um vintém
a coisa que eu mais queria
é ter você mais ninguém

Por causa dessa criança
cheguei a ter dó de mim
quem ama
quem ama
quem quer bem não faz assim

luar do japão
com Francis Hime

O luar vem do sertão
o luar vem do Japão
a laranja vem da China
minha canção vem da luz
dos olhos dessa menina

A nascente vem do chão
a nascente vem do vão
o poente vem do dia
quem vai morrer de chorar
quem vai morrer de alegria

Andorinha vem do ar
andorinha vem do mar
vem do mar a maresia
minha canção vem da luz
que vem da estrela do dia

A estrela vem do ar
a estrela vem do mar
a folia vem da lua
minha canção vem da luz
que vem do meio da rua

mar de mineiro (o cio das águas)
com Nelson Angelo

Quando você
olhou pra mim
vi refletir
no seu olhar
a paz que vem do mar

Falou assim
calou fundo
vai aprender
a esperar
que a vida é mergulhar
profundo

Quem passou pelo silêncio viu
a direção é o tempo que sabe
lucidez
eu quero a luz
que a água refletiu
nasceu na terra
tomou seu rumo
procura o mar

É só querer
é só deixar
que vai crescer
multiplicar
que a vida deságua no mundo

Preparar a hora e o lugar
saber o tempo para recolher

quem sentiu
de sol a sol
a solidão do cais
andou no tempo
dançou no vento
bebeu o mar

me dá a mão
com Claudio Nucci

Me dá a mão
e mata a minha sede
e vive a minha dor
abre a janela
fecha a escuridão

Me dá a mão
e guarda o meu segredo
e deixa o meu cantar
ouvir a voz do céu
ouvir a voz do mar

Me dá a mão

meio-termo
com Lourenço Baeta

Ah como tenho me enganado
como tenho me matado
por ter demais confiado
nas evidências do amor
como tenho andado certo
como tenho andado errado
por seu carinho inseguro
por meu caminho deserto
como tenho me encontrado
como tenho descoberto
a sombra leve da morte
passando sempre por perto
e o sentimento mais breve
rola no ar e descreve
a eterna cicatriz
mais uma vez
mais de uma vez
quase que fui feliz

A barra do amor
é que ele é meio ermo
a barra da morte
é que ela não tem meio-termo

morena de endoidecer
com Djavan

Saí na porta de casa
olhei pro céu e pensei:
parece que vai chover
parece que vai chover

O amor que trago no peito
é carga pra mais de dez
morena de endoidecer
morena de endoidecer

Vai pensamento, vai
viajar de navio pra ver
que fim levou minha vida

Quando você foi embora
o céu deu de escurecer
será que eu fiquei chorando
parece que vai chover

na minha casa
com Claudio Nucci

Na minha casa
vai quem quisé
vai Zé Maria
Maria Zé
na minha casa tem bate-papo
passatempo
rasta-pé

Se ela é casada
não sei se é
se é solteira
não sei se é
não sei até
se ela é homem
nem muié

Tem frigideira
tem caldeirão
tem mão-de-vaca
mão de pilão
café com pão
café com leite
e requeijão

Na minha casa
vai quem quisé
vai Zé Maria
Maria Zé
na minha casa tem quebra-queixo
remelexo
e cafuné

na subida da ladeira
com Nelson Angelo

Acho
que voltei a vida inteira
minha vez é a primeira
quando caio nos seus braços

Voa pra bem longe o pensamento
quando o tempo corre lento
tudo volta ao seu lugar

Braços pernas corpos
sentimentos
confissões e juramentos
fazem tudo delirar

Saiba
que a viagem é ligeira
na subida da ladeira
fui bem longe
pra voltar

nó cego
com Toquinho

O amor do jeito que eu amo
é estação de viagem
não sei pra onde nós vamos
não sei se tem outra margem
o amor do jeito que eu chamo
espalha medo e coragem

O amor do jeito que eu sinto
é um bater de pandeiro
é um cachorro faminto
é um demônio faceiro
o amor do jeito que eu minto
descobre o meu desespero

Amargo feito nó cego
escuridão passageira
o amor do jeito que eu rego
renasce numa fogueira

O amor do jeito que eu vejo
é uma estrela cadente
a perdição do desejo
a solidão da semente
o amor do jeito que eu beijo
se perde completamente

oh minas gerais (com Claudio Nucci)
ou **minas goiás** (com Francis Hime)

Oh Minas Gerais
Oh Minas Gerais
quem te conhece
não esquece Goiás
Goiás que aliás
jamais conheci

Oh Minas Gerais
onde é que estás?
na música aérea
das suas vogais?
na fúria plangente?
nas queixas? nos ais?
na dor dos casais?
no sangue vertido de suas vestais?

Oh Minas Gerais
na noite calmosa
que doces cantigas
que dores gerais
tem pena de mim
assim não se faz
eu vedo essa porta
acendo esse gás
mas assim vira jazz

Oh Minas Gerais
revira nas arcas
os seus enxovais
temporões temporais

tanto fez tanto faz
invento um cais
que doce veneno
que águas que sais
os nossos destinos
são tão desiguais

patuscada
com Francis Hime

Um dia
numa noite enluarada
numa hora improvisada
lá no céu teve uma festa
pintou
a fina flor da bicharada
e o que foi a patuscada
até Deus já duvidou

Macaco
se vestiu de marinheiro
gafanhoto era goleiro
marimbondo sacristão
aranha
fez a teia na gandaia
e o veado era cobaia
jabuti tabelião

Arara
tinha uma da Amazônia
na maior sem-cerimônia
mal sabia soletrar
havia
tatu-bola dando bola
cobra-d'água na viola
só de papo para o ar

Urubu tirou a dama
jaburu fazia charme
araponga deu alarme
foi virando um sururu

Cachorro
com coleira de linguiça
a preguiça com preguiça
de parar de descansar
formiga
tinha a tal da tanajura
que no jogo de cintura
era a dona do lugar

Marreco
derramado no discurso
apoiava o amigo urso
candidato a senador
o bode
que jogava jogo duro
emprestava só a juro
era franco-atirador

Pica-pau furou a fila
bem-te-vi cantou de galo
deram trote no cavalo
que caiu que nem jacu

Calango
dançou tango com a lacraia
e o marido da jandaia
reclamou do gavião
morcego
deu rasante na galinha
periquito entrou na rinha
pra tomar satisfação

O sapo
de chapéu e suspensório

tinha vindo de um velório
na maior animação
a zebra
que acertou na loteria
desfilou na freguesia
com a parte do leão

Beija-flor de mão beijada
jacaré de dedo em riste
vira-bosta no alpiste
tico-tico no fubá

pedra da lua
com Toninho Horta

Dia mania
tarde covarde
noite açoite
minha mãe calma e serena
com seu sorriso inseguro
toda vestida de branco
hoje parece mentira
hoje parece verdade
menino levante cedo
menino não chegue tarde
dia folia
tarde covarde
minha mãe no seu piano
morrendo dentro da tarde
com seu sorriso mais puro
toda vestida de branco
eu só quero pensar que um dia
você possa ser minha pedra da lua
minha paixão
meu coração
velando os meus passos
velando os meus tropeços
menino não morra cedo
menino não chegue tarde
dia mania

perfume de cebola
com Filó Machado

Quando o beijo é sincero
tem perfume de cebola
escutei da pomba-gira
o que ouviu da pomba-rola
meu amor foi me deixar
pela questão mais tola

Mão de Maria morena
pé de Maria crioula

Maria nasceu de dia
no meio do mês de maio
eu nunca entro no frege
mas se tô dentro não saio
seu requebrado morena
me bole como um balaio
feito flecha
       feito fogo
              feito raio

Sabor de fruta madura
amor de mulher morena
se não falta não perdura
se não mata envenena

poeira e maresia
com Sueli Costa

Se vem da terra é poeira
se vem do mar maresia
eu te perdi juventude
em busca da poesia

Eu te perdi camarada
enquanto a noite se punha
teu sangue foi valentia
meu medo foi testemunha

No assovio do vento
minha tristeza soluça
sobre teu corpo que dorme
a negra noite debruça

Se vem da terra é poeira
se vem do mar maresia
eu te prendi juventude
nas asas da poesia

primeiro e segundo
com João Donato

Primeiro eu deixei de moda
segundo eu saí ganhando
primeiro eu abri a roda
segundo eu saí sambando

O que é que é
praga de urubu
passarinho azul
figa de Guiné

Primeiro eu saí da escola
segundo fui logo aprendendo
primeiro eu entrei de sola
segundo eu saí perdendo

O que é que é
quando o rei tá nu
quando o norte é sul
e a razão é fé

Primeiro eu entrei na mágoa
meu pranto logo foi secando
primeiro eu entrei na água
segundo eu saí nadando

profunda solidão
com Novelli

Quando a tarde vinha ele chegava
e me ignorava de mansinho
tinha um piano que tocava
e o meu coração em desalinho
viajava dentro da canção

Mal a noite vinha eu calava
esperando a morte que não vinha
tinha o meu avô que delirava
tanto era o dinheiro que não tinha
tão profunda a sua solidão

ribeirinho
com Francis Hime

Foi a noite que me trouxe
num suspiro de mansinho
rio grande de água doce
veio d'água ribeirinho

Nessa casa tem recanto
nessa outra tem vizinho
se caminho mais um tanto
tô no meio do caminho

Nesse bosque tem quebranto
tem cavalo azul-marinho
vai deixar meu corpo santo
sem coroa sem espinho

São José é meu cumpadre
São Francisco é meu padrinho
eu nasci num fim de tarde
eu nasci pequenininho

Foi a noite que voava
como voa um passarinho
foi a fonte que cantava
flauta doce cavaquinho

E o vento que ventava
que rodava meu moinho
era o vento que deixava
minha casa em desalinho

Leva o mundo de presente
mas não leva seu carinho
sem você eu sou somente
sem você eu sou sozinho

rio vermelho
com Francis Hime

Rio Vermelho
um saveiro
dois ou três palmos de praia
barra de mar e de saia
rabo de galo e de arraia

Só você vendo morena
como a distância me acena

Rio Vermelho
um terreiro
tem pé de vento e moleque
samba de roda e de breque
batuque e salamaleque

Só você vendo morena
como essa dor vale a pena

Rio Vermelho
um coqueiro
a tarde cai passo a passo
rede preguiça e mormaço
riso perdido no espaço

Só você vendo morena
como a grandeza é pequena

Rio Vermelho
o mau cheiro
média com pão e manteiga

na madrugada tão negra
o sono chega e não chega

Só você vendo morena
como esse mar me envenena

santa clara
com Claudio Nucci

São Francisco rio grande
fenda rasgada no chão
abismo de cerração
que me seduz e me atrai
veredas do meu sertão
Santa Clara clareai

São Francisco rio velho
águas fundas que eu passei
as correntezas da treva
a noite fora da lei
onde esse rio me leva
quero saber e não sei

Quero saber da paixão
que padeceu o meu pai
se cala o meu coração
meu sofrimento se esvai
na hora cor de carvão
Santa Clara clareai

Santa Clara clareai
Santa Clara clareai
Santa Clara clareai
Santa Clara clareai

sem fim
com Novelli

Quando me larguei
lá de onde eu vim
chão de sol a sol
ramo de alecrim
paletó de brim
tempo tão veloz
não achei meu pai
minha mãe não viu
desgarrei de nós
quando dei por mim
um sertão sem fim
pelo meu redor
coração não deixe de bater

Quando meu amor
disse adeus pra mim
eu perdi a voz
quis dizer que sim
mas me desavim
e fiquei menor
não achei meu pai
minha mãe saiu
me senti tão só
procurei por mim
e um desvão sem fim
pelo meu redor
coração não deixe de bater

senhora de si
com Sueli Costa

Você que é tão senhora de si
tome mais conta de mim
venha me dar proteção
você que tem poder sobre mim

Você que mal chegou por aqui
que sabe tão pouco de mim
não tenha medo de amar
é melhor arriscar
já sabendo do fim

Eu já não tenho ilusão
já não tenho canção
se você não cantar
se você não me provar
dessa vez pra valer
que chegou pra ficar

se porém fosse portanto
com Francis Hime

Se trezentos fosse trinta
o fracasso era um portento
se bobeira fosse finta
e o pecado sacramento
se cuíca fosse banjo
água fresca era absinto
se centauro fosse anjo
e atalho labirinto
se punhado fosse penca
se duzentos fosse vinte
se tulipa fosse avenca
e assistente fosse ouvinte
se pernil fosse presunto
armadilha era ornamento
se rochedo fosse vento
cabra vivo era defunto
se porém fosse portanto
vinho branco era tinto
se marreco fosse pinto
alegria era quebranto
se projeto fosse planta
simpatia era instrumento
se almoço fosse janta
e descuido fosse tento
se pudim fosse polenta
se São Bento fosse santo
Dona Benta fosse benta
e o capeta sacrossanto
se a dezena fosse um cento
se cutia fosse anta

se São Bento fosse bento
e Dona Benta fosse santa

teia de aranha
com Novelli

Não me lembro quando foi
minha mãe cantava
parecia um jardim
a cantiga de um boi
que me sufocava
e cuidava de mim

E o tempo me enredava
numa teia de aranha
um segredo de criança
travessia tão tamanha
que não vi a esperança
na virada da montanha

Era tão desolador
quando a noite vinha
recendendo a jasmim
pra matar meu desamor
fiz essa modinha
que cuidava de mim

Não me lembro quando foi

toada
com Edu Lobo

Fiz um verso tão bonito
que carrego na lembrança
nunca mais eu vi o mundo
com meus olhos de criança

Quis prender a quem amava
a corrente se quebrou
a esperança que eu guardava
era pouca e se acabou

Não conheço mar bravio
que me faça retornar
não conheço nenhum rio
que não corra para o mar

Rio abaixo rio acima
meu destino dá no mar
eu que não sou marinheiro
eu que nem sei navegar

triste baía da guanabara
com Novelli

Ah minha santa
idolatrada
não fazia
quase nada
pela minha fidelidade
ah só por você
eu entreguei
sem recusar
meu coração
me sentia
nos seus braços
numa grade de cela
Belo Horizonte
sombra de vela
a descrença
mais sincera
pela minha sinceridade
ah você jurou me prometeu
mas não me deu
o seu amor
eu faria
da injúria
a canção mais singela
água rolada
céu de aquarela
te perjuro
te desprezo
pela minha felicidade
ah você entrou na minha vida
mas comigo

não viveu
eu sabia
fruta boa
dá na ponta da vara
triste baía
da Guanabara
lua branca
noite clara
pela minha triste cidade
ah sem ter você
meu coração
só quer lembrar
a minha dor
eu queria
que soubesse
que te amar não consola
ah minha santa
idolatrada

um a um
com Toquinho

Na briga na fuzarca do Bexiga
se eu gostasse de intriga
de que lado que eu ficava
ficava era do lado da varanda
a dançar a sarabanda
que lá dentro reboava
ficava dando bola e dando trela
quando o trato se atropela
vou pegando o meu chapéu

Tinha
farofa amarela
tutano sem osso
portão sem tramela
angu de caroço
quem era bom moço
foi pro beleléu

Nego
de boca no pote
cadeira cativa
a mão no rebote
malandro da ativa
o barco à deriva
e a sorte ao léu

Que sururu ê
que fuzuê
se tem trapaça
eu entro de graça
e pago pra ver

Que bafafá ê
que zum-zum-zum ê
ganhei no grito
e na hora do apito
ficou um a um

Se eu fosse me explicar com a rapariga
remendar minha cantiga
de que lado que eu ficava
ficava do outro lado do espelho
vendo a ponta do novelo
que lá fora se espichava
ficava dando trela e dando bola
quando o rolo desenrola
sinto falta de escarcéu

Tinha
janela sem tranca
e chá de panela
a noiva era manca
e a mula donzela
festança daquela
nem mesmo no céu

Tinha
galinha de angola
e galo de rinha
entrada de sola
intruso na linha
o olho na zinha
a sopa no mel

Que sururu ê
que fuzuê

se tem trapaça
eu entro de graça
e pago pra ver

Que bafafá ê
que zum-zum-zum ê
ganhei no grito
e na hora do apito
ficou um a um

um canto de trabalho
com Nelson Angelo

Pra refazer o trabalho
pra semear minha vida
já bate a cancela bate o tempo
do pilão
já bate o atabaque rebatendo
a imensidão
o céu pegando fogo
uma estrela vai queimar
eu sou de quem me chama
eu não sou desse lugar

Serra do mar
noite alta
vou preparar minha volta
já bate o remo n'água bate o vento
no veleiro
matando minha mágoa
bate couro no terreiro
na volta do caminho
tem os anjos pra velar
a gente lá de casa
bate roupa pra lavar

Pra renascer todo dia
pra descobrir o compasso
já bate a correnteza
bate asa no sertão
o boi puxando o carro
candeeiro a direção
meu filho me falava

que o avô do meu avô
na vida que levava
muita pena se passou

uma vez, um caso
com Edu Lobo

Foi um pensamento que varou a noite
foi um trem de ferro que sumiu na noite
foi um peixe-espada que feriu a noite
foi um sofrimento que bateu na noite

Era uma vez um caso
de um soldado raso
que matou seu bem
do que se sabe ao certo
teve alguém por perto
não se sabe quem
era um amor escravo preso em outro amor
uma lição de dor uma paixão assim
era um amor tão bravo que não tinha fim

Foi um vento doido que dançou na noite
foi a própria morte que dançou na noite

Tinha traição no caso
tinha desengano
tinha leva e traz
um coração calado
uma intenção partida
um desencontro a mais
em decisão de dor nunca se volta atrás
ponta de faca espada rabiscando o ar
uma paixão escrava querendo voar

Um, dois, três e quatro e quem quiser que conte
um, dois, três e quem quiser que conte outra

um, dois três e quatro e quem quiser que cante
um, dois, três e quem quiser que conte outra vez

fortuna crítica

Pensando em Cacaso[1]

Roberto Schwarz

Quando Cacaso morreu, em 1987, tinha quase pronto um belo estudo sobre a poesia de Francisco Alvim, seu grande amigo. O ensaio, a que as linhas que seguem serviram de introdução, foi publicado pouco depois em *Novos Estudos Cebrap* e se chamava "O poeta dos outros". Era um título exato, que aplaudia o ouvido incrível de Chico para a conversa alheia. Designava também um ideal de vida do próprio Cacaso, que em matéria literária gostava de dar e receber palpites, entre risadas, de inventar projetos comuns e de estimular a produção à sua volta, sobretudo de pessoas improváveis, que ninguém imaginaria artistas. Ele andava atrás de uma poesia de tipo sociável, próxima da conversa brincalhona entre amigos. Um emendaria o outro, tratando de tornar mais engraçada e verdadeira uma fala que pertencesse a todos, ou não fosse de ninguém em particular. Era um modo juvenil de sentir-se à vontade e a salvo das restrições da propriedade privada. Nessa linha, ele tinha a intenção de estudar a poesia "marginal" dos anos 70 como um vasto poema coletivo, cuja matéria seria a experiência histórica do período da repressão, e cujo autor seria a geração daquele decênio, vista no conjunto, ficando de lado a individualidade dos artistas.

Cacaso estava sempre fazendo amigos novos, de cujo valor

---

[1] Texto extraído de Roberto Schwarz, *Sequências brasileiras: Ensaios*. 2. ed. São Paulo: Companhia das Letras, 2014. Originalmente publicado em *Novos Estudos Cebrap*, n. 22, out. 1988. (N. E.)

tratava de persuadir os mais antigos. A palavra-chave nessas explicações era "figurinha". Se não me engano, a expressão designava pessoas que não tendo posição firmada na praça nem por isso abriam mão de um perfil exigente e caprichado. Grande figurinha aliás era o próprio Cacaso, a quem por isso mesmo a fama, quando começou a vir, deixava um pouco atrapalhado.

A estampa de Cacaso era rigorosamente 68: cabeludo, óculos de John Lennon, sandálias, paletó vestido em cima da camisa de meia, sacola de couro. Na pessoa dele entretanto esses apetrechos da rebeldia vinham impregnados de outra conotação mais remota. Sendo um cavalheiro de masculinidade ostensiva, Cacaso usava a sandália com meia soquete branca, exatamente como era obrigatório no jardim de infância. A sua bolsa a tiracolo fazia pensar numa lancheira, o cabelo comprido lembrava a idade dos cachinhos, os óculos de vovó pareciam de brinquedo, e o paletó, que emprestava um decoro meio duvidoso ao conjunto, também. A ligação muito próxima e viva — cheia de fotografias — com a mãe, uma senhora de beleza comovente, completava o apego assumido aos primeiros anos.

Contudo, essa recusa da respeitabilidade adulta nada tinha de criancice, de desinteresse pelo mundo prático ou por confortos materiais. Cacaso sonhava muito, porém se concebia como pessoa objetiva e determinada, a quem o descaso pelos meandros convencionais permitiria um ataque mais funcional aos alvos que lhe importavam. A sua fé na eficácia de medidas racionalizadoras da conduta, como por exemplo a reorganização dos estudos, dos horários de trabalho, dos sistemas de fichamento, das formas de colaboração e convívio, chegava a ser desconcertante. Encarava o mundo e a si mesmo com distância humorística, e achava que os dois mereciam reforma, à qual se dispunha sem ligar para interesses criados — o que também dava aos seus projetos algo de conspiração de garotos que sabem o que querem. Queria construir a sua obra de poeta, queria trazer à luz do dia os podres da conivência literária, que o exasperavam, queria acertar no amor, queria dar o seu depoimento sobre o Brasil, queria vencer, e sem dúvida nenhuma queria ganhar dinheiro com o seu trabalho.

A certa altura, Cacaso imaginou que a sua vida de intelectual e artista seria mais livre compondo letras de música popular do que dando aulas na faculdade. Na época chegou a idealizar bastante a liberdade de espírito proporcionada pelo mecanismo de mercado. Penso que ultimamente andava revendo essas convicções. Seja como for, o passo de professor a letrista, acompanhado de planos ambiciosos de leitura literária, histórica e filosófica, assim como de produção crítica, mostra bem a sua disposição de entrar por caminhos arriscados e de vencer em toda a linha. Talvez apostasse que uma certa informalidade de menino lhe permitiria correr por fora, ignorar e superar as incompatibilidades que a nossa cultura ergueu entre arte exigente e arte comercial, entre estudos e estrelato, entre consequência política e fruição desinibida. A mesma consideração direta do que pudesse satisfazê-lo na ordem do ideal e na ordem do apetite fazia que Cacaso se sentisse atraído pelas manifestações correspondentes da barra-pesada.

Assim como não respeitava as convenções, Cacaso adorava fazer cerimônia e armar jogos pessoais, desde que fossem da invenção ou simpatia dos envolvidos. Nesse capítulo, leia-se a homenagem aos oitenta anos de Drummond, de uma graça especialíssima, onde o homenageado, o mais pernambucano dos mineiros, contracena com Manuel Bandeira, o mais mineiro dos pernambucanos. Para um primeiro palpite sobre o tipo tão peculiar de prosa que Cacaso estava desenvolvendo, note-se o convívio entre a diversão pura — a que ele dava uma feição meio interiorana, de conversa de tico-tico — e a notação crua de interesses e apetites. Os contos "Inclusive... aliás..." e "Buziguim" exemplificam o que estou dizendo.²

2 *Novos Estudos Cebrap*, São Paulo, n. 14 e 19. O estudo sobre a poesia de Francisco Alvim agora está em Cacaso, *não quero prosa* (Campinas: Editora da Unicamp; Rio de Janeiro: Editora da UFRJ, 1997). (N. A.)

Falando sério
sobre *Na corda bamba* & outros livrinhos[3]

Heloisa Buarque de Hollanda

Saudades do Cacaso. Volta e meia, a propósito de qualquer coisa, a gente se lembra dele. Foi num sábado, dois dias depois do Natal de 1987, que ele morreu manso, sem aviso prévio, enquanto escrevia mais um poeminha. E desde então, lá se vão mais de quinze anos de imbatível presença. Uma presença forte, que teima em não desaparecer do panorama poético desse século XXI e que se firma como referência marcante para os poetas novíssimos. A lembrança de Cacaso, poeta em tempo integral, letrista prolífico, parceiro de Edu Lobo, Francis Hime, Sueli Costa & Nelson Angelo, exímio desenhista, professor universitário, ensaísta e principal articulador e teórico da poesia marginal, aquela produzida semiclandestinamente em mimeógrafo, e craque em driblar a Censura, pode talvez ajudar na compreensão de sua permanência definitiva em nossa cena cultural.

Cacaso foi, antes de mais nada, personagem totalmente singular numa hora em que a poesia foi eleita como a forma de expressão predileta da geração que experimentou, de forma cabal, o peso dos anos de chumbo. Num certo sentido, Cacaso nos colocou uma armadilha interessante: pensar sua poesia sem pensar na sua vida é quase errado.

Sobre o personagem Cacaso, que começava insofismavelmente no layout que criou para si próprio, não posso evitar citar Roberto Schwarz, que, com argúcia, fez o desenho mais

---

[3] Uma versão deste texto foi publicada originalmente na *Folha de S.Paulo*, Jornal de Resenhas, n. 95, 12 abr. 2003. (N. E.)

definitivo que temos do poeta (e como para efeito também de sua poesia): "A estampa de Cacaso era rigorosamente 68: cabeludo, óculos de John Lennon, sandálias, paletó vestido em cima da camisa de meia, sacola de couro. Na pessoa dele entretanto esses apetrechos de rebeldia vinham impregnados de outra conotação mais remota. Sendo um cavalheiro de masculinidade ostensiva, Cacaso usava a sandália com meia soquete branca, exatamente como era obrigatório no jardim de infância. A sua bolsa a tiracolo fazia pensar numa lancheira, o cabelo comprido lembrava a idade dos cachinhos, os óculos de vovó pareciam de brinquedo, e o paletó, que emprestava um decoro meio duvidoso ao conjunto, também".

Sabidíssimo, meio interiorano, meio irônico, ressabiado, conseguindo manter uma ambiguidade cortante, Cacaso foi fiel a esse personagem em todas as situações. Como poeta, como professor, como letrista, como amigo.

Ambiguidade que se traduz também num originalíssimo cruzamento de intenções através do qual experimenta, em seus poemas, o alcance formal de problemas teóricos com os quais estava trabalhando no momento. Uma estratégia curiosa que, com maior ou menor intensidade, percorre grande parte de seus poemas.

Quando escreve, por exemplo, o poema "Na corda bamba":

Poesia
Eu não te escrevo
Eu te
Vivo

E viva nós!

um poema que, à primeira vista, poderia ser classificado como um versinho "rápido e rasteiro", Cacaso mostra o que seria o traço distintivo do conjunto de sua obra. Em "Na corda bamba", o poeta não estava na certa defendendo uma posição ingenuamente vitalista nem mesmo pregando a *gratuidade* como valor poético. O poema, que se tornou um de seus best-sellers e foi dedicado a Chico Alvim, tem um sentido bem mais fino e ácido do que aparenta. Cacaso era um aplicado teórico em tempo integral. A questão que levanta aqui — a *gratuidade* como ponto de partida e pressuposto da criação artística — é, na realidade, um problema que perpassou vários estudos do crítico-poeta. No artigo "Alegria da casa", de 1980, diz: "O modernismo, para quem a criação é igual à realização, em ato, de um ideal, é portanto um esforço empenhado em prol da gratuidade, da autonomia das coisas e dos valores, um jeito de constranger para que a espontaneidade pudesse aflorar sem constrangimento, o que em si já configura um paradoxo".

Voltando ao emblemático poema de Cacaso, tudo indica que a aparente gratuidade proposta no poema coloca em pauta a contradição que inevitavelmente se esboça quando nos aproximamos de um poema "autenticamente marginal". Ou seja, quando o poeta marginal propõe uma quase coincidência entre poesia e vida, essa proposta poderia, no limite, resultar no desaparecimento da própria poesia. É a produção poética literalmente na corda bamba o espaço onde o poeta marginal consegue equilibrar-se, quase sempre com alguma dificuldade. Um caminho difícil e conflituado que pode ser entrevisto na própria trajetória da obra poética de Cacaso.

Em 1967, Antônio Carlos de Brito lança *A palavra cerzida*, um livro ainda muito tímido e dentro dos padrões literários do momento. Já *Grupo escolar* (1974), uma edição que traz a marca da produção coletiva e semiartesanal, mostra o poeta pressentindo outros caminhos, a esta altura identificado com o grupo que integra a Coleção Frenesi: Chico Alvim, Geraldinho Carneiro e Roberto Schwarz. A partir de 1975, com *Beijo na boca* e *Segunda classe*, Cacaso começa a abandonar, com mais decisão, o tom elevado e começa um duro trabalho de desrepressão da linguagem que vai se consolidar definitivamente em *Na corda bamba* (1978) e pouco mais tarde em *Mar de mineiro* (1982). É interessante registrar que só em 1978, com a publicação de *Na corda bamba*, é que Antônio Carlos de Brito passa a assinar Cacaso, definindo um claro *turning point* em sua carreira como poeta. É dessa época a intensificação de seu contato com os poetas mais novos, do grupo Nuvem Cigana, como Charles, Chacal, Luis Olavo Fontes, João Carlos Pádua, Guilherme Mandaro, Ronaldo Santos, Bernardo Vilhena e outros. É também dessa época sua performance como o teórico e maior aglutinador da poesia marginal, articulando projetos, coleções, interpretando, criticando, até "explicando para os poetas o que eles estavam fazendo", como lembrou Charles em recente entrevista. Nessa mesma época, começa a releitura sistemática do projeto modernista e a escrever seus ensaios mais complexos sobre o novo "surto poético" que fazia a cena dos anos 70. Exemplares são os artigos "Tudo de minha terra", "26 poetas hoje", "Coleção Capricho" ou mesmo o "Poeta dos outros", estudo inacabado sobre Chico Alvim. Incansável, Cacaso colocava a poesia marginal em perspectiva, punha questões em marcha, denunciava as mazelas da vida literária e acadêmica como na polêmica que alimentou sobre o estruturalismo, muito em voga naquela hora.

Foi ainda nesse período que começou a desenvolver seu grande insight sobre a poesia marginal, a tese do "poemão". Percebendo uma certa transitividade entre os autores, os assuntos e as atitudes, Cacaso começa a sistematizar a ideia de que cada poema marginal era, na verdade, parte de uma experiência mais geral e transcendente. Como se a poesia de cada um fosse parcela integrante de um mesmo poema maior, um poemão, que todos estivessem escrevendo juntos e cuja matéria era a experiência do período da repressão. Insight que desenvolve com mais cuidado no artigo que deixou inédito sobre Chico Alvim. Dizia Cacaso: "Houve um momento em que a poesia tornou-se um banquete de todos". E observa como, nesse movimento de produção, o peso maior é do coletivo, o que traz como contrapartida uma notável desindividualização da autoria, na qual o grande lugar-comum poético foi o poema curto, de registro direto e breve, em tom coloquial.

Essa questão da não autoria e do poema curto foi experimentada diretamente em *Segunda classe* (1975). Escrito durante uma viagem ao rio São Francisco em parceria com Luis Olavo Fontes, em *Segunda classe* nenhum poema é identificado como tendo sido escrito por este ou por aquele poeta, construindo meticulosamente um eterno disfarçar da autoria.

Ainda aproveitando esse gancho da importância da autoria coletiva em sua obra, é necessário não esquecer suas diversas formas de parceria, não só enquanto letrista, mas também com os ilustradores de seus famosos livrinhos de poesia. Exemplos inesquecíveis são os desenhos infantis de seu filho Pedro em *Na corda bamba*, o desenho da Massoca em *Segunda classe* ou sua foto de matuto, de chapéu de palha, limpando a unha com um facão enquanto, feliz, pitava um cigarrinho em *Mar de mineiro*. Imagens com valor-texto, claramente produzidas e estruturadas no conjunto de cada livro.

Voltando às questões da poética marginal que não fogem da mira de Cacaso, quero ainda apontar os conflitos que se apresentam quando o poeta trabalha assumidamente com os valores ingenuidade, gratuidade e espontaneidade como pontos de partida de sua criação poética. No artigo "Alegria da casa", Cacaso lembra que Manuel Bandeira chamava a atenção para a inexistência, na nossa poesia de inspiração nacional, do poeta matuto, aquele cuja obra se confundisse com o assunto e ambos com o sertão. São precisamente estes valores modernistas que seriam examinados e trazidos para a poesia de Cacaso num sentido bastante diferenciado daquele realizado pelo concretismo poucos anos antes. No caso de Cacaso, esse resgate revestia--se, muitas vezes, do caráter de intervenção cultural e mostrava um viés estratégico. A valorização do coloquial, do fato cotidiano, a sistematização do direito de errar como princípio mesmo da arte ressurgem agora com ênfase em interpretações visceralmente contextualizadas e historicizadas, definindo uma releitura, digamos, mais cultural do que literária.

Por outro lado, a ênfase na gratuidade e na espontaneidade, que se tornaram bandeiras da produção marginal, apresenta seu lado paradoxal: a pressuposição inevitável do poeta como um ser simples, sem duplicidade, identificado consigo mesmo. O poeta matuto que Bandeira queria. Cacaso procura enfrentar esse conflito promovendo a difícil manutenção de um equilíbrio instável, quase imobilizante, em sua poesia. A prova mais eloquente de solução deste paradoxo é *Beijo na boca*, um livro inteiro sobre o amor, curiosamente um tema não muito caro aos poetas marginais. Sobre isso, o posfácio de Clara Alvim para a edição original de *Beijo na boca* é esclarecedor. Diz Clara: "A poética fundamental de *Beijo na boca* é a não escolha face à impossibilidade de opção — entre dois amores, entre dois poemas. Fiquem as duas namoradas, o passado não se ultrapasse, fique mais de um estilo; sobreponham-se e sucessivamente briguem entre si".

É precisamente esta negociação calculada com as bandeiras e com os paradoxos da poesia marginal que promove a importância da aspereza e da ambivalência de textura na obra de Antônio Carlos de Brito, o Cacaso. Seja em suas letras de música, impregnadas de procedimentos literários, seja em sua poesia profundamente vinculada às regularidades e irregularidades rítmicas musicais, seja nos seus ensaios e estudos a um tempo especulativos e militantes, ou mesmo no design inesquecível de seu personagem. Dizia Charles na mencionada entrevista: "Cacaso não era um matuto enrustido. Era um jeca abusado".

Prefiro citar o próprio Cacaso em seu poema "Modéstia à parte":

Exagerado em matéria de ironia e em
Matéria de matéria moderado.

Sentimento, perfídia

Francisco Alvim

Coisa difícil mexer com o passado. Sobretudo num texto sobreposto a um outro sobre o qual a sensação paira de que nele já está tudo o que teria a dizer ou a contar.

Que é também o primeiro texto que escrevi não digo de crítica, que sempre me faltou competência para isso, mas — assim aliás o designei na introdução — como depoimento de leitura.[4]

Difícil. Mas, por se tratar de Cacaso, irresistível.

Portanto, vamos lá.

Tomara que dê certo.

O livro de estreia de Cacaso, *A palavra cerzida*, é de 1967, um ano antes do meu *Sol dos cegos*. Capa, estupenda, de Roberto Magalhães, quarta capa menos, pro meu gosto, em que o jovem autor comparece numa dessas bem-arrumadas fotos de três quartos. Estampa de que ele se despediria logo, logo, substituindo-a pela que Roberto Schwarz flagrou e descreveu com mestria no texto "Pensando em Cacaso".

---

[4] O texto é parte do que foi publicado na revista *Letra* da UFRJ, em 1984, sob o título "Vale a pena falar de novo? — Conversa sobre alguns poetas de hoje". E, com o título de "Cacaso: sentimento, perfídia", na *Folha de S.Paulo*, de 5 de dezembro de 1982, no suplemento Folhetim. Depois eu o li no III Congresso da Faculdade de Letras da UFRJ — "Literatura e sociedade: A tradição do novo", realizado naquela universidade em outubro do mesmo ano. Resultou de um convite que me fez minha querida e saudosa professora de português Samira Mesquita, de meus tempos de ginasial no Liceu Franco-Brasileiro, que participava, como lente da UFRJ, da organização do congresso. (N. A.)

A impressão que tive? Não gostei. Não sei se contaminado pelo efeito que me causou a contracapa, verdade que mitigado pelo acerto da capa. Ou se pelo sentimento baixo de competitividade (aqui talvez valha, como ato de contrição, objurgatória e penitência, a citação em causa própria:

LUTA LITERÁRIA

Eu é que presto).

Só vim a conhecer Cacaso alguns anos mais tarde. O almoço em que isso se deu, por iniciativa de outro querido amigo que quis nos aproximar, e o passeio de depois estão descritos no texto que segue.
Ali começou nosso convívio.
Morávamos, Clara, eu e os meninos, nos altos da Gávea, num apartamento da Engenheiro Mário Machado, simpática rua de metro e meio na lateral de uma pracinha, tudo muito próximo ao túnel Zuzu Angel, que ainda não existia. Como se não bastasse a localização, o nosso apartamento de fundos era no andar elevado de um prédio cujas janelas se abriam para uma daquelas paisagens sublimes e únicas do Rio, uma queda vertiginosa, tubular a céu aberto, em que a Lagoa, o Cristo, o Pão de Açúcar e o mar apareciam misturados, sendo possível mesmo divisar em dias claros — pasmem! — Niterói ao fundo. Tudo isso margeado por duas franjas de uma floresta que não sei!
Cacaso aparecia por lá a qualquer hora, em visitas breves e intensas.
Só um verso do vate Zuca Sardan, em sua obra composta e premiada na França, *Le Visage de Tuli*, para comentar a maravilha daqueles encontros:

Et la conversation s'entama intelligente

Mas ainda faltava para nós passarmos por uma espécie de prova nos rituais da amizade.

Isso se deu numa das visitas de Cacaso, me recordo que daquelas de depois do jantar. Bebemos, fumamos, e o assunto que em meio à névoa de repente surgiu foi o dos bobos, em suas duas categorias: a dos com parafuso de menos e a dos normais, só bobos. Os primeiros dominavam a cena em que os segundos começaram a pingar, de modo subliminar, creio que provocados por um sentimento meio perverso meu de que no fundo eu considerava Cacaso meio que bobo por ter consentido naquela foto de contracapa. Um sentimento muito sonso, muito dissimulado.

Cacaso tomou-me o tema. E não se lembrou apenas de um, mas de uma dezena de bobos, daqueles que povoaram nossa infância mineira, que descreveu minuciosamente com enorme graça. Rimos desbragada e despiedadamente, alheios a tanta maldade e ao fato de que vizinha a nosso prédio funcionava uma clínica de doentes mentais. Sobre o imenso quintal dela, sombreado de jaqueiras centenárias, se abria, de um plano superior, a garagem de nosso prédio. Pelas manhãs ensolaradas, naquela luz coada pelas jaqueiras, alguns internos se aproximavam dali para conversar, pedir cigarro.

E no final, em meio a toda aquela névoa que ia aos poucos se dissipando, eu inteiramente rendido ao relato dele, se formou a certeza de que ele percebera o meu (mau) sentimento e que me dava o troco de um sentimento idêntico e igualmente subliminar, só que em dobro. E que bobo era eu em pensar que ele era bobo.

Não sei bem por quê, mas talvez faltasse essa historinha no que escrevi há tantos anos.

Quem sabe ela alcance um pouco mais da luz e da sombra que incidiam sobre nós — bardos que navegávamos naqueles tempos bastante pífios de nossa história. Naqueles?

Eis o texto:

Em 1971, eu chegava ao Rio, após ter passado uns anos fora do Brasil. Foi então que conheci Cacaso. Um amigo comum, Gelson Fonseca, nos convidou para almoçar. Durante o almoço, no "Final do Leblon", pegamos uma conversa sobre poesia, que continuou no passeio posterior ao Parque da Cidade.

Fazia um desses dias lindos, que só o Rio sabe ter, de setembro ou outubro, cuja luz balança indecisa entre a do inverno e a do verão. Lá, no alto do parque, em frente à antiga morada dos Guinle, casa semelhante a uma barca que tivesse desatracado de uma velha rua de Nova Orleans para descer o Mississippi e mais tarde aportar, sabe-se lá por que mistérios, numa encosta da Floresta da Tijuca, ouvi de Cacaso que a poesia não estava dando pé. Ninguém lia, ninguém gostava e, reconhecia, o que se estava escrevendo não era, de fato, de se gostar ou ler. Cada vez se sentia menos próximo da lira e mais acercado do violão. A música popular não perdera aquilo que a poesia deixara de lado: a capacidade de falar de dentro da vida. Mas, por uma razão ou por outra, sua participação como letrista na música popular àquela época (que, anos mais tarde, voltaria com redobrado vigor e êxito) já não lhe satisfazia tanto e ele se sentia meio desempregado.

Eu já conhecia Cacaso de livro. De seu *A palavra cerzida*, publicado em 1967, um ano antes de *Sol dos cegos*, meu primeiro livro. Considerava nossas estreias como parentas bem próximas, ambas saídas do legado modernista. Um obscuro sentimento de parentesco que talvez denotasse a não menos obscura percepção de tomada de posição com respeito à poesia: a decisão de encará-la a partir da tradição brasileira recente e menos recente, e não de ruptura com essa tradição, como era o caso dos grupos de vanguarda que começam a surgir em meados da década de 1950. Posição nada cômoda, pois doía nela uma permanente crise de identidade: afinal, tínhamos escolhido cantar num coro bastante singular, constituído só de solistas, e solistas poderosos... E tinha sempre alguém para bradar ao pé de nossos impressionáveis ouvidos o anátema famigerado de extração poundiana: diluidores!

Voltando à nossa conversa de um pouco atrás: pensando bem, nem sei se tudo que ando lembrando se passou de fato. Mas não importa, se não ocorreu naquela conversa, se passou em outras do período. Terá sido tudo aquilo que, espremidamente, conversamos sobre poesia na época. Lembro ainda de um enunciado que surgiu na conversa: tem certas coisas que a gente só consegue dizer num poema: surgiu e permaneceu em estado puro, prescindindo de qualquer demonstração. Volta e meia, retorno a ele...

Um belo dia Cacaso me comunicou que a poesia voltara a dar pé. Ele conta como foi na nota introdutória de *Grupo escolar*, seu segundo livro, que aparece em 1974: "Depois de cinco anos sem escrever um só verso, desconfiado mesmo da poesia, voltei a arriscar, encorajado pela Ana Luisa, que me chamou para trabalharmos juntos em sua tese para a Escola Superior de Desenho Industrial. Desta cooperação resultou o livro *Palavra e imagem*, para o qual escrevi vários poemas, alguns dos quais estão espalhados nas páginas deste *Grupo escolar*".

Outro aspecto bem característico da personalidade de Cacaso encontra expressão nestas linhas: a capacidade de trabalhar em conjunto, de se deixar motivar pelo outro. Traço que iria fazer dele o elemento aglutinador das duas coleções que brilharam no firmamento da poesia dos 1970 — a Frenesi (pela qual sai *Grupo escolar*, juntamente com *Em busca do sete-estrelo*, de Geraldinho Carneiro, *Motor*, de João Carlos Pádua, *Corações veteranos*, de Roberto Schwarz, e o meu *Passatempo*) e a Vida de Artista. Traço que repercute também no plano da criação, revelando um pouco da natureza da poesia e dos ensaios de Cacaso, que talvez resultem, essencialmente, de uma postura afetiva, entendendo-se esta da maneira mais simples possível: como aquele movimento pendular do gostar, não gostar.

Quando leio os poemas de Cacaso, penso em duas palavras: sentimento, perfídia. Certamente me ocorrerão outras no correr desta conversa, mas principiemos com essas duas depois de ter ouvido o poeta em "E com vocês a modernidade".

Meu verso é profundamente romântico.
Choram cavaquinhos luares se derramam e vai
por aí a longa sombra de rumores e ciganos.

Ai que saudades que tenho de meus negros verdes anos!

O tom irônico do poema, que tem origem na paródia que faz dos nossos românticos, como bem observa Clara de Andrade Alvim, autora do posfácio das primeiras edições de *Beijo na boca*, modula o tema da afetividade perversa, que percorre, a meu ver, toda a obra de Cacaso.

eu sou manhoso eu sou brasileiro
finjo que vou mas não vou minha janela é
a moldura do luar do sertão
a verde mata nos olhos verdes da mulata

sou brasileiro e manhoso por isso dentro
da noite e do meu quarto fico cismando na beira de um rio
na imensa solidão de latidos e araras
                    lívido
de medo e de amor

Cacaso tem o gênio brasileiro da fala macia, sensual e maliciosa. É da família de Bandeira, cuja linguagem é sem artifícios, muito mais do que da de Drummond ou Cabral, poetas que exploram sons dissonantes, que constroem a linguagem. Isso não quer dizer, obviamente, que poetas como Bandeira e Cacaso sejam ingênuos ou espontâneos, embora ambos defendam o que poderíamos chamar de, à falta de um nome melhor, estética do natural, cujo fundamento certamente está no binômio poesia e vida, tão sensível em ambos.

Bandeira e Cacaso são poetas eruditos que exploram recursos extremamente sofisticados; têm um ouvido extraordinário para as modulações da língua e daí escreverem a favor da correnteza e quase nunca a contrapelo. A impressão que se tem da leitura dos poemas dos dois é de simplicidade. O que não é falso se não negarmos nessa simplicidade a sutileza da percepção intelectual que a produziu. São artistas para os quais a poesia é, sem dúvida alguma, "coisa mental".

Veja-se o último poema citado de Cacaso: como ele explora os elementos de música popular, com os quais convive em suas atividades de letrista... É uma utilização estritamente literária, a qual se dá no espaço próprio da poesia. Nesses versos, poesia e música não se confundem, embora se enriqueçam mutuamente. Quando esses dois universos se misturam, sem a indispensável elaboração crítica, o resultado pode ser desastroso. Nada mais chocho do que uma letra de música apresentada como poema.

Mas falemos um pouco da lírica amorosa do poeta. A meu ver, Cacaso escreveu a educação sentimental de sua geração com *Beijo na boca*. Naquele punhado de poemas curtos — que desdizem ininterruptamente o que dizem —, na percepção corretíssima de Clara Alvim, acho que ele flagrou o desconcerto amoroso dos dias que correm:

ENCONTRO DESMARCADO

admiro muito meu amor
porque sempre está por perto de si mesma e
longe de mim e eu tenho
andado muito longe de mim e perto de si mesma

ou este:

SINISTROS RESÍDUOS DE UM SAMBA

não chore meu amor não chore
que amanhã não será outro dia

A ironia é a nota dominante no livro, como, de resto, em toda a poesia do autor; ainda envolve o poema, mesmo quando este relata o repouso de um deus-marte reclinado, sem a parafernália das armas, ao lado de Vênus:

BUSTO RENASCENTISTA

quem vê minha namorada vestida
nem de longe imagina o corpo que ela tem
sua barriga é a praça onde guerreiros se reconciliam
delicadamente seus seios narram façanhas inenarráveis
em versos como estes e quem
diria ser possuidora de tão belas omoplatas?

feliz de mim que frequento amiúde e quanto posso
a buceta dela

O poeta judia das almas ingênuas. Reúne todos os convencionalismos do mito amoroso e conclui em senso inverso:

HAPPY END

o meu amor e eu
nascemos um para o outro

agora só falta quem nos apresente

E assim voltamos ao sentimental e ao pérfido em Cacaso. A visão não idealizante, não celebratória, da lírica amorosa do autor resulta da perda da inocência. Por trás da sucessão aparentemente normal das paixões humanas, existiria aquilo que talvez fosse o avesso de um percurso; conjunto de posições estagnadas, em virtude do qual as paixões não sucedessem umas às outras, mas quedassem justapostas, gerando as incongruências da afetividade e a natureza conflitiva e desesperada do amor:

A minha ex-namorada
inundou minha vida de coisas belas demais
evitava que eu tivesse qualquer aborrecimento
impedia que eu saísse no sereno
me conduzia pela mão ao atravessar a rua
velava enternecida pelo meu futuro

a minha ex-namorada usurpou o lugar
onde floria, exuberante, a esposa atual
de meu pai onipresente.

É curioso notar como Cacaso monta, por vezes, esses seus poemas amorosos a partir de elementos falsamente nostálgicos dessa inocência perdida, para melhor e mais perfidamente corroer qualquer sentido de epifania. Ele parte de uma visão desencantada das relações humanas em geral e, em particular, da amorosa. Não acredita na comunhão dos destinos entre homem e mulher: os destinos humanos — como a morte — não são compartilháveis.

Trago comigo um retrato
que me carrega com ele bem antes
de o possuir bem depois de o ter perdido.

Toda felicidade é memória e projeto.

Há uma passagem qualquer de *Cinna*, de Corneille, em que um personagem diz que a perfídia é um ato de nobreza quando praticado contra os tiranos. É o que Cacaso põe em prática numa poesia que oculta sua verdadeira face — desencantada, aguerrida, guerreira — atrás de outra aparente, ou talvez até de real, doçura. Pode-se falar que se trata de uma poesia de resistência, na medida em que se reconheça nela um claro empenho de preservar a vida da degradação. E nesse embate Cacaso desfere golpes letais (se é que existem golpes letais no espaço da linguagem) contra os diferentes tipos de tirania, dos sentimentais aos concretamente políticos:

GRUPO ESCOLAR

Sonhei com um general de ombros largos que
                               rangia
e que no sonho me apontava a poesia
enquanto um pássaro pensava suas penas
e já sem resistência resistia.
O general acordou e eu que sonhava
face a face deslizei à dura via
    vi seus olhos que tremiam, ombros largos,
    vi seu queixo modelado a esquadria
    vi que o tempo galopando evaporava
    (deu pra ver qual a sua dinastia)
mas em tempo fixei no firmamento
esta imagem que rebenta em ponta fria:
poesia, esta química perversa,
este arco que desvela e me repõe
    nestes tempos de alquimia.

Dedicatória

Vilma Arêas

 Mar de mineiro
 é pra marinheiro
  de primeira viagem:
   para a Vilma e o Fausto,
    com todo o carinho,
      CACASO
       DEZ.82

Embora vivêssemos esbarrando um no outro nos corredores da PUC-Rio, ou em casa da Clara e do Chico Alvim, ou ainda em reuniões em sua própria casa, paradoxalmente convivi mais com Cacaso em São Paulo a partir de 1979, quando assistíamos a alguns cursos de pós-graduação na USP. Muito bons, mas havia um professor que analisava poesia e me fazia perder a paciência. Quando reclamava baixinho, Cacaso respondia: Não ligue, não ligue, ele é um boxeur.

 Aula acabada, eu dava carona a ele e à Grécia, conversávamos e ríamos muito; depois os deixava num certo ponto do caminho e ia pra casa.

 Antes disso fomos professores na mesma PUC, numa fase muito agitada. Vi nascer a Coleção Frenesi, conheci de perto seus poetas, mas na época eu militava muito, não tinha tempo para a poesia. Um dia ele me perguntou o que eu fazia para conseguir relaxar na ioga e eu lhe disse que tentava pensar numa coisa só, no caso na minha testa por dentro. Ele rolou de rir e de vez em quando perguntava se eu continuava a pensar na minha testa por dentro. (Em *Lero-lero* [1967-85], apareceu o "Dilema do ioga": *Não sei se penso no futuro ou em que dedo do meu pé*.)

Uma noite eu o encontrei completamente deprimido entre os pilotis da PUC. Ele me chamou pra beber alguma coisa e me contou que havia acabado de se separar da Leilah. Falou, falou, falou, contou, recontou, contou de novo, estava sofrendo demais. Nessas ocasiões não há o que fazer, e o pior é a afirmativa de que tudo vai passar, embora inevitavelmente passe, porque então a dor fica completamente idiota e inútil. Por isso estive calada, ouvindo, horas a fio, sem conseguir ajudá-lo mais do que isso.

Ficou famosa a história, só estranha para a caretice de hoje, em que eu estava bebendo na praia de Copacabana com Geraldinho Carneiro e Ana Cristina Cesar e fui mergulhar no mar com roupa e tudo, porque estava me sentindo um pouco alta; e aí me lembrei de que deveria comparecer dali a pouco em um encontro na ABI. Olhamos em volta: estávamos em frente à casa do Cacaso. Fomos correndo pra lá. Ele não se admirou nem um pouco, claro, me emprestou roupas suas, me enfiei nelas e fui cumprir o compromisso. Fausto depois me disse que pensou quando me viu: que mulher mais interessante. Depois me reconheceu, batizada com o sopro do Cacaso.

Devo confessar (ou denunciar, embora não saiba a quem) que o único livro que roubaram de minha biblioteca foi *Grupo escolar*, do Cacaso, com dedicatória e tudo. Não é pouca coisa. Fiquei arrasada, levei anos procurando e me lamuriando, até que uma orientanda da Unicamp, a Débora Racy, que fez uma tese brilhante sobre *Beijo na boca*, desencavou um exemplar da Estante Virtual, bem velhinho, certamente muito lido, e me presenteou com ele. Custei a acreditar, encapei o recém-chegado para protegê-lo do frio e o embalei de um lado para outro, sem desgrudar dele. Está embrulhado em papel fino e bem escondido, junto com seus companheiros da Coleção Frenesi.

A última vez que vi Cacaso foi num encontro casual. Dobramos a esquina da Augusta com a Oscar Freire e demos um com o outro. Ficamos ali de pé muito tempo, felizes com o acaso, conversando sem parar. Fazia calor. Em certo momento ele começou a falar, enlevado, na Rosa e na filhinha, um bebê que já demonstrava ter herdado o temperamento da mãe, disse. Para elas, tudo estava bom. Combinamos então nos encontrar no mês seguinte, quando eu estaria com o Fausto em Rio das Ostras e seria fácil irmos à sua casa para conhecer a Rosa. Ficamos ambos alegres com o projeto, que nos pareceu inteiramente possível. Quando nos despedimos ele me deu um abraço forte, profundo. Reafirmamos o trato e nos separamos.

Acho muita graça na dedicatória que recebi no exemplar de seu primeiro livro de poemas, *A palavra cerzida*, escrito na faixa dos vinte anos: "Para a Vilma, a poesia do tempo em que eu era mais velho, com um beijo do Cacaso".

Gosto muito dele. Escrevo no presente para obedecer mais uma vez às palavras de meu filho Francisco, aos sete anos, numa conversa sobre o Fausto. Quando eu lhe perguntei: "Sabe que eu gostava muito de seu pai?", ele me respondeu: "Se você gostava, você nunca gostou. Você está viva, então você gosta. Ele é que não gosta mais de você, porque está morto".

Está certo, Francisco. Eu gosto.

Sobre o autor

Mariano Marovatto

Poeta, letrista, crítico, professor, agitador cultural e um dos protagonistas de sua geração, Antônio Carlos de Brito, o Cacaso, foi responsável por levar para os periódicos da época e para a universidade a poesia dita marginal, que brotava ainda sem seu rótulo definitivo nos primeiros anos da década de 1970. Seu projeto é responsável em grande parte pela futura consolidação e desdobramentos desse momento literário no cânone atual e pela transformação de vários de seus autores em referências incontornáveis para os epígonos da poesia brasileira do século XXI. No campo da canção popular, Cacaso foi um prolífico letrista da música popular brasileira. Num período de pouco mais de vinte anos, compôs quase três centenas de canções com os mais diversos parceiros e tornou-se, ao lado deles, uma das principais vozes do lirismo da educação sentimental da MPB.

Da mesma forma que Ana Cristina Cesar, sua amiga e aluna, e Paulo Leminski, espécie de contraponto que admirava à distância, Cacaso morreu precocemente, aos 44 anos. Na nota autobiográfica publicada na página final de seu último livro lançado em vida, *Beijo na boca e outros poemas*, de 1985, ele conta que:

> Nasceu em 1944 em Uberaba, Minas. Morou em Alfredo de Castilho e Barretos, interior de São Paulo. Aos onze anos veio morar no Rio, onde está até hoje. Formou-se em filosofia e entre as décadas de 60 e 70 lecionou teoria da literatura e lite-

ratura brasileira. Neste período colaborou regularmente em vários jornais, entre os quais *Opinião* e *Movimento*, escrevendo crítica literária. Desde menino gosta de desenhar. Faz pouco a barba. Tem um filho chamado Pedro. É compositor popular. Gostaria de assistir à passagem do século.

Cacaso não chegou a realizar o desejo de atravessar os anos 2000, mas, entre outros feitos biográficos, teria mais uma filha, Paula — fruto de seu casamento com a cantora Rosa Emília Dias, meses antes de falecer —, e escreveria ainda, entre 1985 e 1987, uma quantidade substancial de artigos, canções e poemas, além de projetos que permaneceram inacabados, como filmes, um disco e uma embrionária imersão na prosa de ficção.

A primeira aparição pública de Antônio Carlos foi cedo, aos onze anos de idade, quando uma matéria no *Correio Católico* de Barretos noticiava o talento precoce do menino Cacaso em fazer caricaturas de figuras políticas, como por exemplo do ex-presidente Jânio Quadros. Do "garoto seguro de si, dono de uma personalidade que chama atenção [...], tremendamente calmo, sem mostrar a mais leve sombra de acanhamento", conforme afirma Cesar Vanucci em reportagem para o jornal barretense, Cacaso parece ter mantido traços de sua personalidade, pelo menos diante da observação dos amigos. Décadas mais tarde, em "Pensando em Cacaso", texto póstumo sobre seu grande amigo incluído neste volume, Roberto Schwarz reafirmaria que Antônio Carlos "sonhava muito, porém se concebia como pessoa objetiva e determinada, a quem o descaso pelos meandros convencionais permitiria um ataque mais funcional aos alvos que lhe importavam".

Aos dezessete anos, Cacaso começou sua atividade de poeta. Manteve em seu arquivo pessoal cerca de duas centenas de poemas — cuidadosamente datilografados —, frutos desse início de criação poética que culminaria em abril de 1967, com a publicação de *A palavra cerzida*. A recepção nula do livro acabou por se tornar um episódio definidor para o poeta: "O livro nunca foi lido, nunca foi comprado por ninguém. [...] E eu fiquei depois disso uns sete anos [sic] sem conseguir escrever [poemas], porque foi uma coisa tão inexistente na minha vida, a publicação do livro, que eu tinha a sensação de ser editado e não ser".

Enquanto mantinha sua poesia em estado de hibernação, a vida seguia. Ao final da década de 1960, Cacaso casou-se com Leilah Landim e formou-se em filosofia pela Universidade do Brasil. Antes, porém, em 1965, compôs com Maurício Tapajós, amigo do Colégio Andrews, sua primeira canção, "Carro de boi", que ainda no mesmo ano figuraria no lado A do quarto LP d'Os Cariocas. Mal sabia Cacaso que sua porção letrista e compositor se desenvolveria ao longo dos anos e se transformaria em sua principal fonte de renda. Paralelamente, encantou-se pelo recente sucesso da música de Chico Buarque e pelas ideias de José Lino Grünewald, amigo e colaborador dos poetas concretos de São Paulo. Após um longo sermão por carta de outro amigo, o crítico José Guilherme Merquior, Cacaso eliminou todo e qualquer vestígio dos ensinamentos concretistas de seu repertório crítico. Na sequência, conheceria mais um grande amigo — e mentor intelectual —, Roberto Schwarz.

Em 1970, Cacaso entrou para o quadro de professores do Departamento de Letras da PUC-Rio, onde daria aulas de teoria da literatura e literatura brasileira durante anos decisivos para a poesia que então surgia. Quatro anos depois, formalizou sua voz atuante dentro e fora dos muros da academia, quando lançou seu segundo livro de poemas, *Grupo escolar*, pela Coleção Frenesi, ao lado de Geraldo Carneiro, Roberto Schwarz, Chico Alvim e João Carlos Pádua. Cacaso endossaria a "tática das coleções" de poesia independentes, de acordo com o pensamento de Heloisa Buarque de Hollanda, em oposição ao mercado editorial, fechado para os novos poetas que surgiam. No ano seguinte, o "Professor" — como carinhosamente o apelidara Chacal — lançaria *Beijo na boca*, pela Coleção Vida de Artista. Nesse biênio, escreveria a avassaladora maioria dos poemas que viria a publicar em livro. Uma escolha estética, a "desrepressão" da linguagem poética de Cacaso — em prol da poesia marginal — acontece concomitantemente à querela estruturalista dentro do Departamento de Letras da PUC-Rio. Nesse momento, Cacaso maturou a ideia de um doutoramento, tendo como objeto de estudo a poesia pela qual tanto lutava. Matriculou-se na USP, sob orientação de Walnice Nogueira Galvão.

Ao final da década, mais uma reviravolta importante na vida de Cacaso: "Queria ser doutor para trabalhar menos e ganhar mais. Essa ideia caducou...", diria o poeta alguns anos depois. Conforme observa Roberto Schwarz: "A certa altura, Cacaso imaginou que a sua vida de intelectual e artista seria mais livre compondo letras de música popular do que dando aulas na faculdade". De fato, a carreira musical dava plenos sinais de vitalidade. Tema de novela na Globo, gravações de Maria Bethânia, Sueli Costa e Simone, "Carro de boi" incluída em *Geraes* (1976), de Milton Nascimento e as parcerias com Tom Jobim, Edu Lobo, Djavan, Toquinho e João Donato, entre outros nomes, fizeram com que Cacaso deixasse a atividade de poeta em stand-by mais uma vez. Quanto ao exercício da crítica, resolveu espalhar suas ideias literárias, antes reunidas sob a forma da tese de doutoramento abandonada, nos inúmeros ensaios e artigos publicados com certa frequência em jornais e revistas. A profusão de novos parceiros da MPB, o casamento amoroso e musical com a cantora Rosa Emília Dias, o fim da ditadura militar no Brasil, bem como a venda da parte que lhe coube da fazenda herdada da família, em Amambai, no Mato Grosso do Sul, conferiram ao poeta a segurança ideal para tocar novos projetos. No início de 1987, junto com Ruy Guerra, Edu Lobo e Fernando Fonseca, Cacaso planejava um longa-metragem sobre a campanha de Canudos. Além das canções com Edu, Antônio Carlos seria responsável também pelo roteiro com Ruy Guerra e Fernando Fonseca. Alegre e humildemente, o poeta escreveria no seu caderno um breve apontamento sobre a primeira reunião do quarteto: "De todos, o único amador sou eu. Mas não demora, também me profissionalizo. Parece que chegou a hora. É pegar ou largar. Isto é: pegar".

Poucos meses depois nasceria Paula, sua segunda filha. Vida e obra pareciam seguir em redobrado ânimo. No dia 27 de dezembro de 1987, Cacaso foi vítima de um infarto fulminante no escritório de seu apartamento na avenida Atlântica, em Copacabana, local onde praticamente produziu toda a sua vasta, incessante e, ainda assim, inacabada obra.

Bibliografia

POESIA

A palavra cerzida. Rio de Janeiro: José Álvaro Editor, 1967.

Grupo escolar. Rio de Janeiro: Mapa, 1974. (Coleção Frenesi).

Segunda classe. Rio de Janeiro: Vida de Artista, 1975.

Beijo na boca. Rio de Janeiro: Vida de Artista, 1975 [2. ed., Rio de Janeiro: 7Letras, 2000].

Na corda bamba. Rio de Janeiro: Edição do autor, 1978.

3 poetas (com Eudoro Augusto e Letícia Moreira de Souza). Lima: Centro de Estudios Brasileños, 1979.

Mar de mineiro. Rio de Janeiro: Edição do autor, 1982.

Beijo na boca e outros poemas (antologia). São Paulo: Brasiliense, 1985.

Lero-lero [1967-85] (*poesia reunida*). São Paulo: Cosac Naify; 7Letras, 2002. (Coleção Ás de Colete).

PROSA

"Inclusive... aliás...", *Novos Estudos Cebrap*, n. 14, fev. 1986.

"Buziguim", *Novos Estudos Cebrap*, n. 11, dez. 1987.

CRÍTICA

Não quero prosa, org. de Vilma Arêas. Campinas: Unicamp; Rio de Janeiro: UFRJ, 1997.

RESENHAS E ARTIGOS

"Sinal dos tempos e dos espaços" (sobre *Comunycativo*, de Ricardo Ramos), *Opinião*, n. 34, 21 jul. 1973.

"Transformações, morcegos e mamãos" (sobre *Os morcegos estão comendo os mamãos maduros*, de Gramiro de Matos), *Opinião*, n. 71, 18 mar. 1974.

"As aparências ainda enganam" (sobre *Meteoros sonoros da indústria têxtil*, de Ronaldo Periassu), *Opinião*, n. 89, 22 jul. 1974.

"A poesia malandra de Chacal" (sobre *Preço da passagem*, de Chacal), *Jornal Universitário de Niterói*, ago. 1974.

"Um romantismo com vergonha de si mesmo" (sobre *Creme de lua*, de Charles), *Opinião*, n. 133, 23 maio 1975.

"Literatura e política", *Movimento*, n. 4, 28 jul. 1975.

"O miserê", *Movimento*, n. 12, 22 set. 1975.

"Dois compromissos" (sobre *Poesia comprometida com a minha e a tua vida*, de Thiago de Mello; e *Dentro da noite veloz*, de Ferreira Gullar), *Opinião*, n. 158, 14 nov. 1975.

"O palhaço o que é?" (depoimento de Alceu Valença), *Movimento*, n. 21, 24 nov. 1975.

"Bota na conta do Galileu, se ele não pagar nem eu" (resposta ao ensaio "Quem tem medo da teoria?", de Luiz Costa Lima), *Opinião*, n. 160, 28 nov. 1975.

"Sopa de letrinhas" (sobre antologia de autores gaúchos *Há margem*), *Movimento*, n. 22, 16 dez. 1975.

"Poetas e poesia brasileira hoje" (sobre antologia *26 poetas hoje*), *Opinião*, n. 190, 25 jun. 1976.

"A poesia malcriada" (sobre *Perpétuo socorro*, de Charles; e *Hotel de Deus*, de Guilherme Mandaro), *Movimento*, n. 56, 26 jul. 1976.

"Eros psicopompos e hedonismo antropoplástico" (sobre *Antologia poética*, de Murilo Mendes), *Opinião*, n. 197, 20 ago. 1976.

"Folha de rosto", sem indicação de publicação, out. 1976.

"Uma análise concreta de uma situação concreta" (sobre *Ao vencedor as batatas*, de Roberto Schwarz), *Movimento*, n. 118, 3 out. 1977.

"Poesia e universidade" (sobre *O voo circunflexo*, de Rubens Rodrigues Torres Filho), sem indicação de publicação, 1981.

"Coleção Capricho", *Veja*, 20 maio 1981.

"Engajamento e retórica" (sobre *Mormaço na floresta*, de Thiago de Mello), *Veja*, 16 set. 1981.

"Bonito", *Veja*, 24 fev. 1982.

"Concursos e concorrentes" (sobre o concurso nacional de poesia Cruz e Sousa), *Leia Livros*, n. 43, mar. 1982.

"Melhor a emenda que o soneto", *Folha de S.Paulo*, 4 jul. 1982.

"Lúcio Cardoso Poeta", *Veja*, jul. 1982.

"No fio de prumo" (sobre *Cruzeiro turístico*, de Roberto Marinho de Azevedo), *Veja*, 29 set. 1982.

"Olga Savary" (sobre *Magma*, de Olga Savary), *Veja*, 13 out. 1982.

"Drummond e Bandeira", *Folha de S.Paulo*, 31 out. 1982.

"Pindaíba de Tatu", *Leia Livros*, n. 51, 15 out. a 14 nov. 1982.

"Manoel Carlos" (sobre *Bicho alado*, de Manoel Carlos), *Veja*, 10 nov. 1982.

"Vinte pras duas", *Leia Livros*, n. 53, dez. 1982-jan. 1983.

"Concurso Nestlé", *Veja*, 1 jun. 1983.

"Parcimoniosa opulência" (sobre *Alba*, de Orides Fontela), *Leia Livros*, n. 60, ago.-set. 1983.

"Lágrima" (sobre *O parto das águas*, de Fernando Coelho), *Veja*, 12 out. 1983.

"Concursos e concorrentes" (sobre *As sombras luminosas*, de Ruy Espinheira Filho; *Mulher*, de Yone Giannetti Fonseca; e *As paredes do mundo*, de Osmar Pisani), *Leia Livros*, 1983.

"Poeta entre poetas"(sobre *O livro de Carlos* e *Os melhores poemas* de Carlos Pena Filho), *Leia Livros*, abr. 1984.

"Lupe Cotrim Garaude", *Folha de S.Paulo*, 22 abr. 1984.

"Poesia feminina entre o mosaico lírico e um mundo sem musas" (sobre *Na ponta do lápis*, de Cristina Autran; *Personagem possível*, de Maria Lúcia V. Dunlap; *A porta range no fim do corredor*, de Vera Lúcia de Oliveira; *Xamã*, de Rosa Maria Mano; e *Matiz*, de Rita Gonçalves), *Folha de S.Paulo*, 1 jul. 1984.

"O parceiro Bandeira". Encarte do LP *Estrela da vida inteira*, org. de Olívia Hime, Continental, 1986.

"Pelo que me falaram"(sobre o filme *Cinema falado*, de Caetano Veloso), *Folha de S.Paulo*, 20 dez. 1986.

"Um poeta nas Arábias", inédito, segundo declaração de Luis Olavo Fontes.

ENSAIOS

"Gracias Señor", *Novos Estudos Cebrap*, n. 2, out. 1972.

"Tropicalismo: sua estética, sua história", *Revista de Cultura Vozes*, ano 66, v. LXVI, nov. 1972.

"Duas peças de Guarnieri", *Novos Estudos Cebrap*, n. 6, dez. 1973.

"Nosso verso de pé quebrado" (em parceria com Heloisa Buarque de Holanda), *Argumento*, n. 3. Rio de Janeiro: Paz e Terra, jan. 1974.

"Atualidade de Mário de Andrade", *Revista Encontro com a Civilização Brasileira*, n. 2, ago. 1978.

"Tudo da minha terra", *Revista Almanaque*, n. 6. São Paulo: Brasiliense, 1978.

"Com a boca na botija", *Revista Almanaque*, n. 6. São Paulo: Brasiliense, 1978.

"Alegria da casa", *Discurso*, n. 11. São Paulo: Editora da FFLCH-USP, 1980.

"Você sabe com quem está falando?", *Revista do Brasil*, n. 5, 1986.

"O poeta dos outros" (sobre a poesia de Francisco Alvim), *Novos Estudos Cebrap*, n. 22, out. 1988.

ENTREVISTAS

"De que adianta a marginalidade?", *Movimento*, n. 54, 12 jul. 1976.

"Rebate de pares (críticos e poetas)". *Remate de Males*, Campinas, v. 2, 1981.

"Cacaso: 'Como poeta sei escutar. Minha motivação é musical'", *O Globo*, 4 jan. 1983.

PRINCIPAIS DISCOS COM CANÇÕES DE CACASO

Boca Livre, *Boca Livre*, 1979, independente.
Boca Livre, *Bicicleta*, 1980, independente.
Claudio Nucci, *Volta e vai*, 1983, Odeon.
Claudio Nucci, *Melhor de três*, 1984, Odeon.
Djavan, *Alumbramento*, 1980, EMI.
Djavan, *Seduzir*, 1981, EMI.
Doris Monteiro, *Agora*, 1976, Odeon.
Edu Lobo, *Limite das águas*, 1976, Continental.
Edu Lobo, *Camaleão*, 1978, Philips.
Edu Lobo, *Tempo presente*, 1980, Philips.
Elis Regina, *Transversal do tempo*, 1978, Philips.
Elton Medeiros, *Aurora de paz*, 2002, Rob Digital.
Emilio Santiago, *Amor de lua*, 1981, Philips.
Emilio Santiago, *Ensaios de amor*, 1982, Philips.
Francis Hime, *Se porém fosse portanto*, 1978, Som Livre.
Francis Hime, *Sonho de moço*, 1981, Som Livre.

Francis Hime, *Pau Brasil*, 1982, Som Livre.
Francis Hime, *Brasil lua cheia*, 2003, Biscoito Fino.
João Bosco, *Na onda que balança*, 1994, Columbia.
Joyce, *Água e luz*, 1981, EMI.
Lourenço Baeta, *Lourenço Baeta*, 1979, Continental.
Milton Nascimento, *Geraes*, 1976, EMI.
Milton Nascimento, *Miltons*, 1988, CBS.
Miúcha e Tom Jobim, *Miúcha & Tom (v. 2)*, 1979, RCA Victor.
Nana Caymmi, *Nana Caymmi*, 1979, EMI.
Nelson Angelo, *Mar de mineiro: Parcerias com Cacaso*, 2002, Lua Discos.
Novelli, *Canções brasileiras*, 1984, Maracatu (França).
Olivia Byington, *Melodia sentimental*, 1987, Continental.
Olivia Hime, *Olivia Hime*, 1981, RGE.
Olivia Hime, *Máscara*, 1983, Opus/Columbia.
Olivia Hime, *O fio da meada*, 1985, Opus/Columbia.
Rosa Emília Dias, *Ultraleve*, 1988, Grapho. Disco produzido por Cacaso.
Rosa Emília Dias, *Baiana da Guanabara*, 2004, independente.
Rosa Emília Dias, *Madrigal*, 2018, Gi-RO (Itália).
Rosa Emília Dias, *Álbum de retratos: Cacaso, parceiros e canções*, 2009, independente.
Simone, *Face a face*, 1977, EMI.
Sueli Costa, *Sueli Costa*, 1975, EMI.
Sueli Costa, *Sueli Costa*, 1977, EMI.
Sueli Costa, *Íntimo*, 1984, EMI.
Sueli Costa, *Minha arte*, 2000, independente.
Toninho Horta e Orquestra Fantasma, *Terra dos pássaros*, 1979, EMI.
Toquinho, *Doce vida*, 1981, Ariola.

OUTRAS PARTICIPAÇÕES

O cavalinho azul (1984), filme de Eduardo Escorel. Narração em versos de Cacaso.

Joana, a menina dos sinos (1984), peça infantil de Rubem Rocha Filho e direção de Lígia Diniz e Novelli.*

---

* Letras de Cacaso.

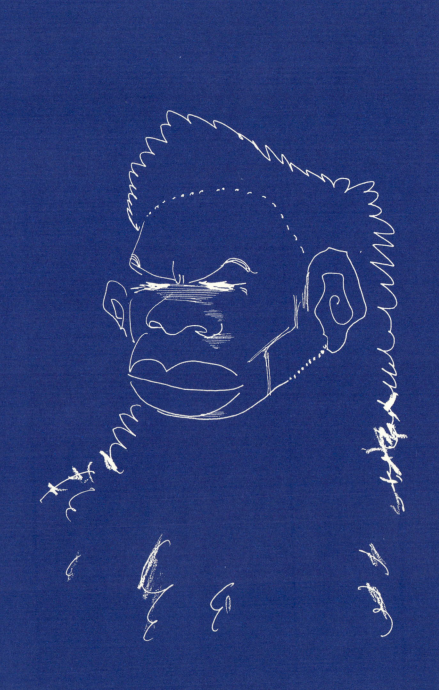

Créditos das canções

A fonte (com Nelson Angelo)
© Tapajós

Agradecer (com Sueli Costa)
© Tapajós / © Arlequim

Álbum de retratos (com Sueli Costa)
© Copyrights Consultoria / © Aldebarã

Amor, amor (com Sueli Costa)
© Warner / © Copy

Angu de caroço (com Edu Lobo)
© Arlequim / © Warner

Árvore mágica (com Rosa Emília Dias)
© Copyrights Consultoria / © Direto

Aurora de paz (com Elton Medeiros)
© Copyrights Consultoria / © Rob Digital

Ave (com Nelson Angelo)
© Tapajós / © Copyrights Consultoria

Beira rio (com Joyce)
© Arlequim / © Feminina

Branca Dias (com Edu Lobo)
© Warner

Carro de boi (com Maurício Tapajós)
© Tapajós / © Copyrights Consultoria

Casa de morar (com Claudio Nucci)
© Warner / © Copyrights Consultoria

Cinema antigo (com Sueli Costa)
© Tapajós / © Arlequim

Clarão (com Olivia Byington)
© Warner / © Copyrights Consultoria

Deixa o barraco rolar (com Nelson Angelo e Rosa Emília Dias)
© Tapajós / © Copyrights Consultoria / © Direto

Dentro de mim mora um anjo (com Sueli Costa)
© Warner

Dinheiro em penca (com Tom Jobim)
© Copyrights Consultoria / © Jobim Music

Dinhêru (com Nelson Angelo)
© Tapajós / © Copyrights Consultoria

Dito e feito (com Nelson Angelo)
© Copyrights Consultoria / © Tapajós

Dona Doninha (com Sueli Costa)
© Tapajós / © Copyrights Consultoria

Dono do lugar (com Edu Lobo)
© Arlequim / © Warner

Eu te amo (com Sueli Costa)
© Tapajós / © Copyrights Consultoria

Face a face (com Sueli Costa)
© Warner

Falando sério (com Sueli Costa)
© Warner

Feito mistério (com Lourenço Baeta)
S.ed. / © Tapajós

O fio da meada (com Francis Hime)
S.ed.

Flauta de lata (com Sueli Costa)
© Warner

Gente séria (com Joyce)
© Copyrights Consultoria / © Feminina

Lambada de serpente (com Djavan)
© Arlequim / © Luanda

Lero-lero (com Edu Lobo)
© Warner

Liberdade (com João Bosco)
© Copyrights Consultoria / © Zumbido

Língua de trapo (com Francis Hime)
© Copyrights Consultoria / © Nossa Música

Lua de vintém (com Zé Renato)
© Tapajós / © Copyrights Consultoria

Luar do Japão (com Francis Hime)
© Copyrights Consultoria / © Nossa Música

Mar de mineiro (O cio das águas) (com Nelson Angelo)
© Copyrights Consultoria / © Direto

Me dá a mão (com Claudio Nucci)
© Warner / © Copyrights Consultoria

Meio-termo (com Lourenço Baeta)
© Tapajós / © Copyrights Consultoria

Morena de endoidecer (com Djavan)
© Arlequim / © Luanda

Na minha casa (com Claudio Nucci)
© Copyrights Consultoria / © Direto

Na subida da ladeira (com Nelson Angelo)
© Tapajós / © Copyrights Consultoria

Nó cego (com Toquinho)
© Tonga

Oh Minas Gerais (com Claudio Nucci); ou Minas Goiás (com Francis Hime)
© Warner / © Copyrights Consultoria; © Warner / © Nossa Música

Patuscada (com Francis Hime)
© Arlequim

Pedra da lua (com Toninho Horta)
© Arlequim / © Direto

Perfume de cebola (com Filó Machado)
© Copyrights Consultoria / © Direto

Poeira e maresia (com Sueli Costa)
© Warner

Primeiro e segundo (com João Donato)
© Arlequim / © Acre

Profunda solidão (com Novelli)
© Arlequim

Ribeirinho (com Francis Hime)
© Nossa Música / © Copyrights Consultoria

Rio Vermelho (com Francis Hime)
© Nossa Música / © Copyrights Consultoria

Santa Clara (com Claudio Nucci)
© Copyrights Consultoria / © emi

Se porém fosse portanto (com Francis Hime)
© Arlequim / © Nossa Música

Sem fim (com Novelli)
© Arlequim

Senhora de si (com Sueli Costa)
© Tapajós / © Copyrights Consultoria

Teia de aranha (com Novelli)
© Arlequim

Toada (com Edu Lobo)
© Arlequim / © Lobo Music

Triste baía da Guanabara (com Novelli)
© Arlequim

Um a um (com Toquinho)
© Arlequim

Um canto de trabalho (com Nelson Angelo)
© Tapajós / © Arlequim

Uma vez, um caso (com Edu Lobo)
© Arlequim / © Lobo Music

Índice de títulos e primeiros versos

A um barbeiro, com amor 70
A ver 278
Agenda 190
Agradecer (com Sueli Costa) 322
Aguaceiro 281
Ah! 127
Álbum 212
Álbum de retratos (com Sueli Costa) 323
Alegorias 82
Álgebra 214
Álgebra elementar 242
Alquimia sensual 129
Alucinações 73
Amizade 251
Amor, amor (com Sueli Costa) 324
Ana Cristina 256
Angu de caroço (com Edu Lobo) 325
Antiquário 157
Antonio 300
Anulação 27
Aos 30 anos 247
Aos pés! Da musa 129
aparências revelam, As 102
Aporias de vanguarda 191
Aquarela 97
Aquarela 293
Aqui cessa 92
Arca de Noé 194
Ares vazios 296
Ária para cravo e flauta 41
arlequim, O 48
Árvore mágica (com Rosa Emília Dias) 326
Até agora 108
Aurora de paz (com Elton Medeiros) 328
Ave 153
Ave (com Nelson Angelo) 329

Banquete 63
Barcarola 69
batalhas, As 96
Batismo no inferno 68
Beabá 203
Beira rio (com Joyce) 331
Berço esplêndido 163
Bíblico 165
Bicicleta 149
Bodas 254
Boêmia 192
Bonde andando 275
Branca Dias (com Edu Lobo) 332
Brinquedos (de Pedro Assumpção de Brito) 220
Busto renascentista 132
Canção de Joana imaginária 314
Canção pequena 267
Cantador de Canudos 302
Cântico do condenado 54
canto de trabalho, Um (com Nelson Angelo) 402
Capa e espada 136
Capricho 189
Carinhanha ao meio-dia 168
Carro de boi (com Maurício Tapajós) 333
Carteira profissional 196
Cartesiana 139
Cartilha 90
Casa de morar (com Claudio Nucci) 334
Casa isolada 164
Caso 170
Cassaboca 317
Célula mater 180
Céu e mar 291
Chuva 30
Chuva 296

Ciclo vicioso 126
Cinema antigo (com Sueli Costa) 335
Cinema mudo 106
Circo 151
Clarão (com Olivia Byington) 336
Clausura 32
Cobrança 31
Codaque 195
Coincidência 191
Combate 311
Como é bonito Rio das Ostras 181
Compostura 290
Confidência a Vila Rica 263
Consolo na praia 196
Constatando 166
Contabilidade 294
Contando vantagem 137
Conversa de tico-tico 225
Convívio 212
Corpo a corpo 171
Corrida e corredor 262
Cuba-libre 182
De almanaque 123
Dedicatória 169
Dedicatória 309
Deixa o barraco rolar (com Nelson Angelo e Rosa Emília Dias) 337
Demônio dos cabelos 312
Dente por dente 134
Dentro de mim mora um anjo (com Sueli Costa) 338
Descartes 256
Desencontro marcado 211
Desperto mais 97
Destruição 60
Diagnóstico 291
Diário 160
Diário de bordo 113
Didática 219
Dilema do ioga 192
Dinheiro em penca (com Tom Jobim) 339
Dinhêru (com Nelson Angelo) 345
Dito e feito (com Nelson Angelo) 346
Divisão do trabalho 187
Dona Doninha (com Sueli Costa) 347
Dono do lugar (com Edu Lobo) 348
E com vocês a modernidade 120
Ecologia 181
elementos, Os 59
Elogio da loucura 211
Em tempo de notícia 24
Encontro desmarcado 135
Enfim só 250
Engenharia 37
Epopeia 99
Espelho mágico 243
Estações 125
Estágio do espelho 128
Estilhaço 134
Estilos de época 99
Estilos trocados 122
Estórias 201
Estratégia 179
Eu te amo (com Sueli Costa) .349
Ex (1) 130
Ex (2) 130
Ex (3) 131
Exceção 213
Existencialista 280
Explicação do amor 18
Fábula 55
Façanha 194
Face a face (com Sueli Costa) 350
Falando sério 133
Falando sério (com Sueli Costa) 352
Falta de ritmo 172
Fatalidade 131
Fazenda São Pedro (1) 225
Fazenda São Pedro (2) 226
Fazenda São Pedro (3) 226
Fazendas 51
fazendeiro do mar, O 234

Fazendo as contas 136
Feito mistério (com Lourenço Baeta) 353
Felicidade 249
Filharada 286
filho da mãe, O 187
fio da meada, O (com Francis Hime) 354
fonte, A (com Nelson Angelo) 321
Flauta de lata (com Sueli Costa) 356
Fluxo 306
Fora de hora 197
Fotogramas 246
Fotonovela 186
futuro já chegou, O 98
galo e o dia, O 20
Gameleira 19
Genealogia 250
Gente séria (com Joyce) 358
Geografia 173
Golpe de Estado 193
Grã-circo 151
Gravuras da Sta. Marina 61
Grilos e cigarras 282
Grumari 252
Grupo escolar 115
Há uma gota de sangue no cartão-postal 120
Happy end 121
Havia 255
História contemporânea 305
História da riqueza do homem 220
História natural 112
Hora do recreio 124
Idade de ouro 208
Idade madura 158
I-Juca-Piranha 308
Imagens 110
Inacabado 154
Indagação 265
Indefinição 157
Infância (1) 223
Infância (2) 223

infância presente, A 67
Iniciação 199
Início das aulas 152
Integração da noite 52
Já já 229
Januária 163
Januária nas janelas 161
jardineiro, O 49
Jogo de reflexos 128
Jogos florais 104
Juazeiro devasso 170
Juízo final 216
Jura 150
Lá em casa é assim 122
Laboratório 292
Lambada de serpente (com Djavan) 360
Lar doce lar 182
Lembro-me ainda 247
Lenços brancos 153
Lero-lero (com Edu Lobo) 361
Liberalismo 307
Liberdade (com João Bosco) 363
Língua de trapo (com Francis Hime) 364
Litoral 293
Livre-arbítrio 227
Livro vermelho — *Nova República* 277
Logia e mitologia 109
Logias e analogias 101
Lógica menor (de idade) 228
Lua de vintém (com Zé Renato) 366
Lua lua lua 284
Luar 285
Luar do Japão (com Francis Hime) 367
lugar da transgressão, O 200
Madrigal para Cecília Meireles 28
Madrigal para um amor 42
Mal informado 171
Manhã profunda 217
Manhãzinha 258
Manias 244

Máquina do tempo 218
Máquina do tempo 289
mar (de Pedro Assumpção de Brito), O 222
Mar de mineiro (O cio das águas) (com Nelson Angelo) 368
Marcha fúnebre 217
Marinha irreversível 44
Marinha nº 1 38
Me dá a mão (com Claudio Nucci) 370
Meditação 126
Meio-termo (com Lourenço Baeta) 371
Memória arbitrária 203
Mercado persa 303
mergulhador, O 141
Mesmos sertões 167
Meu corpo 248
Mineiro pau 257
Mínimo divisor 251
Minoridade 193
mito, O 50
Moda de viola 156
Modéstia à parte 188
Momento 313
Monumento 242
Morena de endoidecer (com Djavan) 372
Morte 259
Morte 297
Mudando o estado 168
Município 146
Na corda bamba 184
Na folha de caderno 158
Na minha casa (com Claudio Nucci) 373
Na morte de Augusto Frederico Schmidt 35
Na subida da ladeira (com Nelson Angelo) 374
Natal 255
Natal-Ano-Novo — 1977-8 271

Natureza-morta 47
Natureza-morta 183
Negrume 311
nigrinha do borralho, A 283
No caminho da Gávea 207
Nó cego (com Toquinho) 375
Nono mês 316
Nostradamus 189
Notícias 149
Noturno maduro 56
Nova república 257
Numa nice 294
Obra aberta 183
Obrigação 34
Óbvio 152
Oferta 253
Oh Minas Gerais (com Claudio Nucci) ou Minas Goiás (com Francis Hime) 376
Orgulho 138
ostra, A 21
Paisagem 201
palavra do $enhor, A 227
Palimpsesto 224
Panaceia 215
Panela quente 292
Papelaria 150
Papo furado 179
Paraíso perdido 164
pássaro incubado, O 17
Passeio no bosque 140
Passou um versinho 184
Paternidade 253
Patuscada (com Francis Hime) 378
Peça didática: festival de piparotes ou nunca à maneira de Brecht 245
Pedido 155
Pedra da lua (com Toninho Horta) 381
Perfume de cebola (com Filó Machado) 382
Petrolina condenada 169
Planos 305

Poeira e maresia (com Sueli Costa) 383
poema anfíbio, O 92
Poemas brancos 64
Poética 46
Poética 221
Política literária 96
Populações 166
Porvir 214
Postal 207
Posteridade 209
Praça da Luz 95
Prática da relatividade 219
Preceito 221
Pré-história 306
Pré-história contemporânea periférica ou ninguém segura essa América Latina ou os impossíveis históricos ou a outra margem do Ipiranga 103
Presidente 260
Presságio 39
Preto no branco 254
Primeiras descobertas 147
Primeiras impressões 139
Primeiro e segundo (com João Donato) 384
Primeiros sinais de terra 127
Problemas de nomenclatura 121
Processo 40
Profunda solidão (com Novelli) 385
Propriedade privada 135
Protopoema 93
Psicologia do eterno 58
que é o que é, O 101
Queixa submarina 53
Quem ainda 248
Quem de dentro de si não sai vai morrer sem amar ninguém 125
Ré menor 133
Redação 307
Reencontro 114
Reflexo condicionado 103

Rei posto 258
Relógio quebrado 180
República de Itamambuca 276
Retrato 159
Ribeirinho (com Francis Hime) 386
Rio Vermelho (com Francis Hime) 388
Rito 215
Romance 95
Rotina 202
Sacrilégio 200
Salário máximo 218
Samba 172
Samba-canção em prelúdio 298
samurai, O 22
Santa ceia 188
Santa Clara (com Claudio Nucci) 390
São Francisco 148
São Francisco 154
Se porém fosse portanto (com Francis Hime) 393
Segmento áureo 197
Segundas descobertas 148
Sem fim (com Novelli) 391
Sem nome 208
Senhora de si (com Sueli Costa) 392
Seresta ao luar 140
Serviço de informações 224
Sete espadas 301
Seu Alfredo 278
Signo 57
Signo 167
Silêncio 146
Sina 123
Sinais do progresso 102
Sinfonia vegetal 185
Sinistros resíduos de um samba 138
Sobre a prática 230
Sonata 124
Substância 165
Substantivo 252
Sucesso na geral 195

Supérfluo 285
Surdina 241
Talvez domingo 249
Tarde em Januária 244
Táxi 210
Teia 297
Teia de aranha (com Novelli) 395
Tempo 209
Tempo 295
Temporada 216
Tese, antítese, síntese 295
Testamento 190
Tiau Roberval (ou: vai nessa malandro) 231
Toada (com Edu Lobo) 396
Trago comigo 108
Transporte 26
Triste baía da Guanabara (com Novelli) 397
Tropicália 185

Tudo certo 199
Turistas na barca 155
Um a um (com Toquinho) 399
Um homem sem profissão 186
Utopia 147
vacas magras, As 132
Valsa neorromântica 210
Vara de família 279
Venus Brazil 213
verdadeira versão, A 98
Versos 308
Vestibular 178
Vida e obra 178
vez, um caso, Uma (com Edu Lobo) 404
Viajando 202
Vice-versa 243
Vida e obra 178
Violinha 299
Voracidade do gato 156
xis do problema, O 137

ESTA OBRA FOI COMPOSTA POR ACOMTE EM PALATINO E IMPRESSA PELA GRÁFICA SANTA MARTA EM OFSETE SOBRE PAPEL PÓLEN SOFT DA SUZANO S.A. PARA A EDITORA SCHWARCZ EM OUTUBRO DE 2020

A marca FSC® é a garantia de que a madeira utilizada na fabricação do papel deste livro provém de florestas que foram gerenciadas de maneira ambientalmente correta, socialmente justa e economicamente viável, além de outras fontes de origem controlada.